紀念先父

目　錄

為後現代探尋出路

～序蔡著《從現象學到後現代》

沈清松

　　吾友蔡錚雲是一位沉潛用功的現象學學者。他的近著《從現象學到後現代》追溯後現代主義的問題至現象學中胡塞爾與海德格的歧見，並從現代與後現代之爭的角度來討論後現代主義，對每位後現代思想家與重要後現代議題，皆加以爬梳整理，詳加論述，可謂國內對西方當代哲學思潮不可多得的研究成果。

　　我十分同意錚雲兄把對後現代的討論定位在與現代的關係上的作法。事實上，依照我個人的觀察，學界對於何謂後現代，可說是言人人殊，眾說紛芸，莫衷一是，正反映了後現代各說各話的情境。然而，在紛芸眾說之中，人總不能無所適從，卻必須有自己的判斷。我個人將「後現代」定義為「對現代性的批判、質疑和否定」，在精神上也近似錚雲兄從現代與

後現代之爭來釐清後現代的看法。不過，大體言之，他在本書中著重處理後現代對現代的斷裂，至於我則是從自己一向主張的對比哲學來看，主張後現代對現代，在斷裂中有連續，在連續中有斷裂。由於後現代對現代有所批判、質疑甚至否定，自有其斷裂之處；但由於其乃衝著現代之所以為現代的現代性而來，即便是在批判與否定之中，也總有某種連續性。甚至可以說，後現代是在現代性加深，甚至產生難以承受的弊端之後引起的否定運動。

　　就在如此的看法中，吾人無法避免把後現代聯結著現代來討論，無論其為斷裂或連續，互爭或並現，皆無法將兩者分別處理。為此，我對後現代的診斷亦是針對與現代性的關係而發言：

　　一、現代重視主體性，但後現代卻質疑主體的膨脹會造成權力宰制，並為此而批判主體，甚至宣告主體的死亡。由於後現代文化中主體的失落，造成生命意義無所掛搭，僅能隨波逐流。

　　二、現代側重理性，但後現代卻對理性的統一性和明確性加以否定，不再認為理性有提供後設統一的作用。大論述從此逝去，代之而起的是各種小論述，各說各話，缺乏共識，甚至對共識的探求亦遭到嘲弄。

　　三、現代建構的是表象文化，但後現代更變本加厲，由表象轉成鮑瑞亞 (J. Baudrillard)所謂的「擬象」

(Simulacres)，更由於日愈加深的資訊化歷程，大眾傳媒的猖狂，以及便捷的機械複製，使擬象及其幻滅，不斷激動欲望，離眞實日遠。

　　上述後現代情境既在理論上造成問題，也爲人生帶來困境。對此，我們不能只滿足於論述困境，逆來順受，卻要爲人生尋求出路，爲問題探索解答，甚至要爲後現代探尋値得人爲之存活的正面價値。就此而言，首先，我認爲吾人固然應超越主體，避免主體過度膨脹，但亦應明白主體的意義。誠如泰勒(Charles Taylor)在《本眞的倫理》(The Ethics of Authenticity)一書中所言，近代對主體的重視，其意義在於強調本眞。即便是面對後現代的挑戰，主體的本眞性仍應受到重視。這點我十分同意。只不過，我認爲在強調主體本眞性的同時，也應超越主體，使整體充量和諧的達致成爲可能的。一如易經所言：「各正性命，保合太和」，就在每個人皆獲致本性之正，或主體的本眞之同時，整體加起來亦可達致充量和諧。

　　其次，後現代亦不能只滿足於各種小論述各說各話的情境，卻應設法透過溝通，尋求共識。尊重論述的差異性，固然是最低限度的規則，但不能就像李歐塔(J.-F. Lyotard)那般要求各種論述持守自己的語言遊戲而毋須另尋共識。如此的要求，一方面既強制一個規則於所有語言遊戲規則之上，而忽視了差異性中可能有的共通性；另一方面亦忽視了當代人文社會學科除了有著重小論述的趨勢之外，另外還有打破學科樊籬，步向科際整合，強調溝通與互動的趨勢。哈伯瑪斯(J.

Habermas)的溝通行動理論倡言在沒有共識的多元情況中，不同主張透過論辯的過程，尋找論據，在一涵蓋雙方論題的更高論題上達致共識。

晚近維也納學派的建構實在論提出一項更爲基本的「外推」(Strangification)策略，主張不同的學科或不同的論述應將其命題進行外推，翻譯爲其它學科或其它論述所使用的語言，以便促成彼此的了解，並藉此驗政自己所主張命題的可普遍性。「外推」實爲一切溝通和科際整合中最基本的工作，因爲唯有先自「外推」開始，才能進一步透過論辯或其它溝通形式來達成共識。如此一來，在後現代情境中，雖然必須尊重多元論述的差異性，甚至有時必須各說各話，但獲致共識的可能性仍然得以保存，甚至可經由努力而實現。

最後，人類的知識和文化皆是在實在的環境中建構起來的，一方面難免「建構」的性質，另一方面意須隨時顧視實在環境。現代所建構者爲表象，迄至後現代則變本加厲，轉表象爲擬象，去眞實日遠，實乃人類始料所未及。克服之道，唯有一再顧視實在，親近自然，參與社會，深入個人與人間的眞實體驗，如此才能不拘限於擬象，甚至被其欺枉。

迄今中國人仍然在追求現代化，自須對現代性多加了解，對後現代情境多所認識，才能去劣揚優，除弊佈新。討論後現代不是爲了侈言新思潮，而是爲了在後現代與現代的對比張力中爲人類尋找正面出路。

　　錚雲兄勤奮用功，完成了《從現象學到後現代》一書，索序於我，本人詳讀之下，認爲其精思愼慮，嚴謹論証，將有助於了解現代與後現代之間的對比張力，故樂爲之序，略論爲後現代探索出路，開創正面價值之道，僅供錚雲兄及各位讀者參考。

乙亥年新春序於
指南山麓

從現象學到後現代

◆

A Philosophical Odyssey

前　言

　　一九八九年我自美國Duquesne University取得學位返國後，便在政大哲學系任教。第一年開了「哲學概論」、「結構主義」、「德國觀念論」、「西洋當代哲學」四門課。這些課的分量都相當吃重，令人困擾的是它們的異質性也不小，例如，結構主義與德國觀念論，兩者不僅風格上迥異，就是關切問題的角度也是南轅北轍。更糟的是，這些又大都和我博士論文撰寫的題目——Intersubjectivity: Husserl and Merleau-Ponty——有段距離。當時的壓力很大，爲了在有限的時間內，蒐集資料，充實教材，我不得不把原來的研究方向暫時停頓下來，轉向思考這其中可能有的交集與共同的主題。

　　幾經思慮，我採用「現代與後現代之間的爭論」做爲統合各個分歧論題的主軸。因爲，一方面，這個爭論涉及層面之廣

幾乎是無所不包，我所遭遇的困擾與感受到的荒謬，似乎只有從這個大而無當的議題忠實地反映出來；再方面，我原先研究的論題也已經開始觸及到這個爭議，比方，胡塞爾的互爲主體性究竟成不成立？爲何對大多數的反對意見而言，這個問題非但不會因爲他們的異議而失去重要性，反而更能因此體會到其劃時代的意義？梅洛龐蒂的互爲主體性理論帶有多少後現代的色彩？其晚年形上學的思考方向如何能夠沿著胡塞爾的脈絡發展出來，而不是一般承繼海德格的路線所致？其意又何在？這些問題顯然都可以和現代與後現代的爭論連成一氣來探討。

一旦確定了這個主題之後，我在往後所開的課與研究的興趣就圍繞著它去進行。不知不覺之中，五年過去了。這個原先只是爲了串連不同性質課程設計所做的權宜之計，如今卻變成我思考問題的重心。除了在大學部與研究所陸續用 Vattimo, Derrida 等人的作品開過與後現代哲學有關的課程外，我同時也用過 Habermas, Jameson, Taylor 的代表作處理現代哲學與相關的課程。令人欣慰的是，處理這些爭論的同時，非但不曾讓我原先研究的方向荒廢下去，反而使我有機會重新去檢討現象學的發展，諸如：Husserl, Merleau-Ponty, Scheler, N. Hartmann 等不同風貌的現象學，更因爲顧及主題論証的周全性，我開始涉獵過去較陌生的一些領域，諸如：Adorno, Horkheimer 的批判理論，Bachelard, Kuhn 的科學史哲學。如今這些研究與教學或多或少都累積些心得出來，所以才會動念出書。

　　然而，這裡頭所涉及的問題實在太大了，許多重要的問題都只能點到為止，必須通盤熟悉它們彼此之間的各種可能關聯之後，才能做出有效的疏通與評估。那麼，為甚麼我現在就迫不急待地要出書呢？這主要還是因為現代與後現代爭論的緣故。原來，其主題特色盡在於斯，即，在無法立即對它下定論之際，一切看起來都只是些詮釋與揣測；以及，隨之而來的問題：難道我們就此束手無措了嗎？

　　誠如上述，我就是因為在現實處境中遭遇到這個問題而涉及現代與後現代的爭論，此刻，又由於不斷找尋解決之道而產生些個人的想法。不過，從哲學的觀點去看，雖然處理問題並不志於有無解決之道，但光是些想法也是不夠的，故我寫這本書的主旨除了表達個人的感想之外，更要討論此問題必須用甚麼樣的態度去面對，才不會失去其本來的面貌。就此而言，儘管本書所涵蓋的層面可能還不夠完全充分，但已不至於有管中窺豹之嫌。可是，我們會不會因為採用哲學一貫的方式，來表現世紀之交所產生的種種令人迷惘景象，而造成越俎代庖的偏差呢？不盡然。因為這其中所論並非全然是推論的結果，相反的，大部份是我在現實生活世界裡仍繼續不斷在反省思索的。故表面上本書對問題的討論不離傳統哲學處理問題的模式，但由於它是從問題自身表達的方式去反省，早已脫離了學院派自以為是的盲點。

　　這樣的講法會不會過於空洞與主觀呢？對從事哲學反省工作的人來說，這將是永遠要去提防，卻始終無法一勞永逸可避

免的。就現代與後現代而言，它們所爭論的焦點其實就在這個問題上。現在，用這同樣的問題回頭來檢討我對這個問題處理的合法依據時，看起來是正中我的要害，無法自圓其說了。然而，或許在論理上，這的確是個無解的弔詭，可是，就所處理的問題而言，它非但不會因此構成困擾，反而增加了其可信度。

　　怎麼說呢？爲了印証本書所提出的觀點，上學期我特別在研究所開了一門「海德格哲學與政治」的課程，嘗試用當前政大選校長、省市長選舉等周遭實際發生的問題，來詮釋海德格事件的哲學意涵，再用海德格對自己政治遭遇所做的辯解，來解讀存在於我們現實情景中的種種符碼。原來，今日「海德格事件」所引發的爭論，早就跨越了傳統理論與實踐哲學的分際，蔚爲後現代景觀之一；並且在這個問題的洗禮之下，我們不得不從實質議題中進行哲學的探討。經此印証，我發現，只有用上述這種交叉處理的方式才能跳出一般純理論性介紹的主觀與空洞，因爲唯獨如此把問題倒轉過來看，即，把這麼一種不得不處理的方式當做問題去反省，才能呼應學院派對後現代所做的嚴格哲學之要求。職是之故，即便本書最後仍舊可能受到傳統哲學觀點之限，這也必須由言說與其意涵之間的互動關聯來透露，而非預定的或歸納的結論所能窮盡的。雖然，如此的說法仍有待學者評斷其價值，但至少到目前爲止，我感到這其中遲遲未決的詭異似乎要比預先清晰的說明更能體現出哲學的眞諦。

＊　＊　＊

　　本書的內容，除了前言與導論之外，一共分爲七章與一個附錄。爲甚麼有附錄而無結論呢？這並非我刻意要表現甚麼現代主義的手法，只因爲如此龐大籠統的議題一如上述正在持續發展之中，馬上要爲它做個定論，不僅言之過早，而且言過其實。反倒是書中各章節的劃分與安排，蠻有幾分後現代的味道。因爲我並非一開始就有這本書的構想，相反的，大部份公開發表過的文章，皆爲獨立成篇的作品。因此，只因爲現在收集成冊，冒然加上一個結論；我覺得，雖然不至於有畫蛇添足之嫌，卻不甚眞實且無必要，不如讓各章節的論述自行告訴我們本書的結論是甚麼。

　　相形之下，書中各章節的安排便頗費心思。原來，它們不是按照時間進行的先後次序，而是根據問題的發展而定。事實上，我是根據這個問題的發展，將每篇論文重新分段，加上小節，以鬆動過分沉重的學術論文形式。那麼，是甚麼樣的問題呢？簡言之，它不外本書的題目所示：從現象學到後現代。表面上，我是按所了解的二十世紀西方哲學，將其中問題的發展整理出來。其實，雖然現象學與後現代一前一後代表著當代西方哲學發展的核心；但是，在這個資訊爆炸、百花齊放的世紀裡，此刻又有誰能夠跨越這之間各種不同淵源，甚至相互牴觸的學說，而將這兩個議題貫穿起來呢？因此，我要處理的問題不得不縮小其範圍爲純哲學性的考量，即，這兩個分別隸屬於世紀之初與之末的議題，憑甚麼可以連貫起來？

　　顯然，除了一般用哲學史的方式去處理西方當代哲學之外，我認爲，更重要的是把理論還原到問題裡頭去看，再用問題去看理論。在這個觀點下，我所要表達的論旨即：唯有用現象學的方法才能有效地處理後現代的問題，也唯有透過後現代的議題才能突顯現象學的哲學意義。

　　上述的這個理念幾乎在每篇文章中都有所討論。因此，也可以說，我的結論早就隱含在書中各章的內容與先後次序的安排之中，讀者對此自然會有其個人不同的見解。不過，就一本哲學著作而言，由於這結論不是實際上推斷出來的，故不宜以結論形式視之。（爲了避免有些讀者會排斥對這種類似後現代的荒謬與弔詭，他們不妨把導論當做結論來看，畢竟，導論是我在各章節完成之後，特別爲本書所寫的。）

　　另外，本書之所以沒有結論，也可以歸咎於一些相關的論題尚未處理之故。比方：同時做爲現代主義與後現代主義文本的佛洛伊德，他與海德格、尼采並立爲當代思維的源起，本書卻未曾予以著墨，便是一大缺憾；維護現代主義的健將——哈伯瑪斯——不論從那個角度去看，都是不能輕易割捨得掉的，若不能專章處理之，現代與後現代的爭論便會墮入現代與傳統爭執之虞；至於後現代方面，德里達的解構單單從義理上去切入是不夠的，完整的說明必須由其文學或文學批評上所示之風格一展其貌；德勒茲與鮑瑞亞則被公認爲當今後現代主義的靈魂人物，捨棄他們來談後現代的論述，哲學品味也會失色不少。然而，這些皆困於時間的緊迫，不得不暫時存而不論，有

待來日添補。職是之故，在完成這些重要哲學家思想的論述之
前，本書亦不適於下定論。

　　由於本書的結構與各章節撰寫時序有密切的關聯，亦須在
此對其時空背景略做說明。附錄中的〈二十世紀末的西方哲
學〉乃一九九〇年春天所寫的舊稿，曾發表於《聯合文學》，
第八十三期。它和書中的其它章節有顯著的落差，卻仍不失其
連續性。我之所以把它收錄於本書之中，主要是因爲我會繼續
處理現代與後現代爭論的這些問題，其源頭盡在於斯。另外的
一個理由則是，當初《聯合文學》不知甚麼緣故把其中的註解
全部刪掉，而改爲一些哲學家的照片。這個作法固然能加深讀
者的印象，卻使得全文支離破碎，讓人摸不著邊際。經友人與
學生的再三反映，我決定藉此機會，還其原貌，以補其憾。

　　其它都是我這一兩年的作品。第六章：〈後現代的哲學論
述是如何可能的？——德里達對胡塞爾現象學的解構〉，是一
九九三年二、三月間寫的，刊於《哲學雜誌》，第四期，五〇
～六六頁。同年五月份應聯合報系文化基金會所辦：“傳統中
國文化與未來文化發展”學術研討會之邀，發表〈現代性的兩
個面向——中國文化邁向未來的主要課題〉，做爲本書的第四
章：「現代性的兩個面向——從黑格爾到馬克思與章伯」。除
了題目有所更動之外，內容也因主題之故做了局部的變更，少
許註釋亦隨之添加與修正。第三章：〈現代與後現代爭論的釐
清——李歐塔與哈伯瑪斯爭論的基源分析〉寫於暑假的七、八
月份，刊於《鵝湖學誌》，第十一期，七五～一〇一頁。第五

章：「文藝現代性的哲學意涵——班傑明與阿多諾的辯証」寫
於九、十月的開學期間，則以〈現代與後現代之間的辯証——
從班傑明與阿多諾的論辯談起〉爲題，刊於《國立政治大學哲
學學報》，創刊號，三五～五〇頁。

　　以上四篇文章均爲國科會專題研究計劃之下所做的成果，
當時也是按照這個章節的順序安排的。不過，在原計劃中，我
還打算處理傅柯的問題，做爲「現代與後現代的對話」結尾，
卻因時間不夠而作罷。本書第七章對傅柯的討論便是去彌補這
個缺憾。

　　第一章：〈同質異形抑是異質同形？——從梅洛龐蒂來看
胡塞爾與海德格的關係〉，發表於一九九四年五月間，東吳大
學舉辦的第一屆"比較哲學"學術研討會。這篇文章也發生了
同樣的烏龍。因爲主辦單位在聯繫上出了些問題，導致我必須
在一個禮拜之內，把進行才一半的文章匆匆結束。爲了使我的
論點不致也因此被腰斬掉，本書的第二章對海德格的討論便是
補充第一章而來。換言之，第七章：「後現代的哲學論述是甚
麼？——傅柯考古學與系譜學的倒轉」與第二章：「海德格與
後現代——其哲學轉向的再議與疏通」，是一九九四年七月至
十月暑假期間，專門爲本書所作的新作，尚未發表過。不過，
由於這兩章是同時寫的，處理方式就會和其它章節不盡相同。
我的作法是藉此把本書的論旨具體表現出來，但受限於論旨本
身所表現的議題，故安排於一前一後，好讓彼此有個呼應，也
希望如此一來讀者會有更清楚的了解。

＊　＊　＊

　　本書之得以成形要感謝許多人。首先是國科會。一九九二年，我獲得國科會專題研究計劃的補助(NSC820301H004019)，從九月到次年十月，進行爲期一年的「現代與後現代的對話」之研究。讓我有能力聘用龔卓軍、梁瑜琍與柯莉純三位研究生爲助理。在這段期間裡，他們彼此合作無間，隨後，並大都能繼續深造。如今，本書的出版，可以爲這個計劃畫下完滿的句點。其次，特別要感謝的是沈清松教授，除了爲本書作序與建言之外，更因爲他在過去這幾年中對我一貫的支持與鼓勵。系上的另外一些同事對文章的批評與指教，像是何信全教授、林鎮國教授，也要在此一併致謝。還有在這本書的編排之中，許多同學辛苦地校對、排版設計、製作索引，都是讓我感到欣慰，也是深感謝意的對象。龔卓軍指出一處嚴重的錯誤，更是功不可沒。當然，這並不意味著他們要爲本書的內容負責。本書自始至終皆由我獨力完成與定稿，故一切的責任自然歸屬於我個人來承擔。

　　最後，要在這裡特別聲明的是，內人方淑珍女士爲了全心照顧慈愉二女，毅然割捨她那份頗有成就的事業，使我能無後顧之憂，排除萬難，做出一些研究成果來。可以說，若沒有她的話，這一切都是不可能的。

導　論

一、何謂現代與後現代之爭？

近年來，遍及於西方文化社會各個層面的現代與後現代對話，正不斷地侵襲著西方思想界。不少人認為這種對傳統思想的挑釁簡直是胡鬧，因為後現代所言盡是些不登大雅之堂的廢話，即便原本有些不是廢話，也因為被他們當成廢話去處理，而變成廢話。不過，令這些衛道之士啼笑皆非的是，如此的廢話往往是義正嚴詞地去講的，或者說，至少是已經嚴肅到對他們構成威脅，逼著他們不得等閒視之。這麼一來，廢話又似乎不單純是句廢話了。

於是，甚麼是廢話？甚麼不是廢話？成為一個不能不先要釐清的問題。就現代的觀點而言，這之間的差別必須在一開始

就要嚴格地劃分出來，如果到今天還有這個困惑的話，我們不應氣餒，而要更加鍥而不捨地繼續追究下去。可是，在後現代的眼裡，若要眞能區分的話，早就沒有這個問題了；如果根本不能區分的話，我們何必如此喋喋不休呢？所以說，它實在是因此抱殘守缺之故才變成廢話。

弔詭的是，若眞是廢話的話，讓這些廢話原形畢露的責任，究竟屬誰？現代主義指責這是後現代的錯，因爲他們不斷地質疑理性，卻又同時說不清他們質疑的根據何在，以致所有的言說頓時成爲廢話連篇。可是，在後現代主義的眼裡，這項指責不見得是對他們的貶損，反而被他們視爲一種肯定，當做一種恭維去看待；經由這個反諷，始作俑者也就不言而喻了。

然而，就在這交相指責的情形下，雙方的沒有交集變成一種交集，現代與後現代之間爭論的主題於是形成了。那就是說，他們所爭論的不是"誰是誰非"，而是甚麼是"是"？甚麼是"非"？或者說，到底有沒有"是非"？然而，這個爭論主題之所以引人注目，不只是因爲他們對傳統價值規範與道德教條的批判，甚至還懷疑到這樣批判的合法性是否也出了問題。所以說一切盡是些廢話，而這廢話又當眞："是"就是"非"，"非"就是"是"。如此是非不明的情況下，無怪乎一切眞實都變得虛幻無比，一切虛幻反而變得栩栩如生。

上述亦即所謂「後現代情景」的寫照。這會不會只是一種玩世不恭的閒言閒語？其實，在古今中外的歷史裡，不乏此類憤世嫉俗的言論，何獨此時此刻，蔚爲一種風氣，形成一種抗

拒不了的潮流呢？只有問到這個問題，才眞正搔及現代與後現代爭論的癢處。原來，現代主義企圖爲這個問題找出一個所以然的答案來，即使這個答案會把問題否定掉，也在所不惜。後現代主義則把問題的重心擺在此時此刻所形成的風氣中，若因此不再有任何答案可言，也無所謂。就因爲雙方如此迥然不同的觀點，再加上雙方堅持己見，互不相讓，才會使問題膠著在無止境的爭論中。

平心而論，單單就這個層面而言，後現代是勝於現代的。因爲一個沒有定論的結論，等於沒有結論。沒有結論的問題不就是廢話嗎？然而，這只是個幻覺，儘管是個眞實無比的幻覺。因爲沒有定論的結論，也可以說，是一種結論。它與沒有結論的意義不盡相同。於是，就這層歧義來說，現代則勝於後現代。

可是，這個講法並非最後的判決。因爲，在啓蒙之後，不論是現代還是後現代的觀點，我們都不再如同古人般，相信代表最後歸宿的上帝能爲世俗的一切做末日的審判。起碼，理性與信仰在此不得混同。也正因爲這個緣故，我們終於爲現代與後現代的爭論，找到一個不可或缺的起點：理性。不論現代是如何崇揚理性，或後現代是多麼排斥理性，都不能沒有理性。只不過，在這個現代與後現代爭論的脈絡中，理性不再是啓蒙唯一的代言人。至少今天，包括現代主義在內，沒有人會素樸地接受理性。所以，我們可以把現代與後現代爭論的起點，進一步地闡明爲理性的批判。

　　然而，甚麼是理性的批判？它又怎麼和廢話扯上關係？原來，對現代主義而言，後者是理性批判不可踰越的界限，我們唯有根據這個理性規範才能夠進行批判的工作。可是，對後現代主義來說，後者卻是理性批判不可不測試的界域，批判工作只能由這種對理性規範繼續作批判來推動。職是之故，理性才變成廢話。然而，這是不是說，理性原本就是廢話呢？上面所謂的「並非最後的判決」，就在答覆這個問題。簡言之，我們不知道理性是不是廢話。我們可以把它當做廢話去處理，也可以不把它當做廢話去面對。但是，前者絕不是句笑話，後者也不是看起來的那麼偉大。

　　的確，對後現代哲學而言，理性之光唯獨如此才能無遠弗屆。可是，對現代哲學而言，這早就在他們的啓蒙運動中昭示出來。如此說來，他們之間其實也沒有甚麼你死我活的爭論囉？那也不盡然，在沒有最後歸宿的情況下，我們無權下如此的斷言。相反的，對後現代而言，理性的論斷正是現代主義走入死胡同的夢魘所在。

　　對此，現代主義的反駁是說，若不是這樣的話，理性的價值又如何浴火重生呢？事實上，從康德，黑格爾到馬克思與尼采，何嘗不是窮盡各種價值的可能性，才會斷言理性；無論如何，我們不能因為理性斷言後的僵化，反過來抹煞了他們對理性反省的深思熟慮；退一步說，若不是站在前人的庇蔭下，後現代又何曾有出現的可能。至此，現代與後現代爭論的輪廓呼之欲出了。

二、爭論的內涵、源起與特色

誠然，現代是我們歷史最近的一環，而後現代則是這段歷史的產物。但是，如此地看待不是基於它們之爲對等的兩個歷史時期，而是平等對立的兩個觀點所致。換言之，從現代到後現代並不意味著有個連續性可言，相反的，正因爲這個斷裂的緣故，才有可能產生對立爭執的情形。然而，由於對立的形成不在於相互的矛盾，反而是因爲彼此無關的緣故，於是，對這爭論的解決，也不可能有甚麼先驗綜合之道可循。相反的，若執意要解決的話，必須先承認它們之間的斷裂，有如雞同鴨講一般，毫無干係可言。

這麼說來，我們又怎麼可能解決得了它們之間糾纏不清的關係呢？本書的第三章：「現代與後現代爭論的釐清——李歐塔與哈伯瑪斯爭論的基源分析」便是去處理這個問題。我們的作法是先讓現代主義與後現代主義各申己見，再用哲學上常見的綜合手法——在這裡，我們採用羅蒂之見做爲代表——嘗試去調和兩者之間的歧見。然而，根據雙方對這個解決之道有志一同地排斥，不難揭曉兩者之間爭論的本來面貌：哲學定位的問題。原來，因爲李歐塔接受了哈伯瑪斯對哲學的傳統定義，所以才會提出相反的意見，不是一般人以爲的：後現代即拒絕傳統所致。那其實是現代在「古今之爭」所扮演的角色。（關

於這點，下面說明第四章時會提到。）

　　至於後現代如何從哲學傳統的接受轉變到對它的否定，則是依照李歐塔所持相反意見的內容來鋪展。簡言之，即「前衛」藝術對康德先驗哲學架構的突破。造成這種突破的理由，一如李歐塔所指，是我們對「不可名狀的命名」。這原本早已涵蓋在康德《第三批判》的判斷力活動裡。但不同於康德對人有限性的力有未逮，強調我們仍須盡力而為，李歐塔認為那是一種名不符實的掛空超越。後現代則是透過現實弔詭情景的暗示，強言其不可名狀。這麼一來，現代與後現代便同在一個歷史的脈絡中，彼此雖能互補卻不盡相容。

　　如此詭異的情景是怎麼來的？這便是第四章：「現代性的兩個面向——從黑格爾到馬克思與韋伯」所要討論的主旨。李歐塔的後現代之所以能透過現代性的回歸，突顯出迥異於現代的後現代內容，主要是由於現代性所發展出的多重意涵。在西方近代史的發展中，現代性與現代化運動始終存在著一種辯証關係。文藝復興原本是針對中世紀傳統的教條加以現代化而來，可是，有識之士認為這種現代化運動其實是披著古典的外衣進行的，因而造成所謂的「古今之爭」，那就是說，造成現代化的進步究竟是因為回歸古典之故，還是批判傳統所致？這種內在的辯証關係最後在德國觀念論的體系中充分發揮出來。

　　可是，馬克思與尼采隨即對這種現代主義提出批判，使得現代性多重意涵之間的關係再度緊張化。在這兩個不同方向的批判下，現代性與現代化之間的關係於是倒轉過來。原先，現

代性的產生是基於現代對故步自封的傳統加以現代化所致，此刻，現代化則是進一步地針對這個現代性重新予以現代化。後者在韋伯的工具理性之取代目的理性中顯示之。可是，當韋伯隨之提出康德的責任倫理，以填補現代人的內在空虛時，我們不難看出現代化的現代性仍有別於後現代無所依恃的弔詭。這就是爲甚麼哈伯瑪斯的現代主義可以在批判傳統的同時，依然駁斥著後現代。原來，現代化所責成的現代性只是去批判傳統，而不是去批判這個批判所化身的傳統。

　　然而，這個細微的差別又將如何區分出來呢？在這裡，我們特別用布爾曼平實的現代主義與哈伯瑪斯崇高的現代主義之對比，顯示出代表現代化的現代性與對現代性的現代化之根本差別。那就是說，前者一如「古今之爭」是個辯証的結晶；後者則與辯証徹底決裂，雖然它重蹈辯証的歷程，卻無定向可言。故布爾曼平實的現代主義首度表現出波特萊爾現代化的現代性，其集大成於「前衛」藝術，而非哲學理性。

　　到這裡，後現代的情景若隱若現。它和現代性同樣是著重於現代化，但不同於現代性，它的現代化對象就是現代性本身。那麼，如此糾纏不清的關係究竟應該如何去闡明呢？第五章：「文藝現代性的哲學意涵——班傑明與阿多諾的辯証」就是去探索這個模糊的地帶。在這章的處理中，藝術與哲學之間的關係，一如現代與後現代之間的關係般，始終保持著一種若即若離的關係：阿多諾代表哲學家一再去詮釋藝術，班傑明則代表藝術家不斷地掙脫這種束縛。嚴格地說，這種看待方式業

已進入到後現代的領域中，但是，在還沒有釐清文藝現代性之前，（亦即第五章的主題），冒然地去比賦，終將難逃哈伯瑪斯崇高現代主義的吞食。畢竟，浪漫主義的論調——藝術本身亦即一種哲學態度——正方興未已，故我們必須盡可能地低調處理這其中哲學論斷所造成的混淆，好讓班傑明與的阿多諾之間的辯証自行去述說現代化的現代性。

在這辯証的過程中，表面上，阿多諾一直處於強勢的地位，好像班傑明的「拱廊」計劃唯有透過前者"非唯物亦非唯心"的辯証，才得一勞永逸地脫離意識型態的復辟。然而，當我們用阿多諾對荀柏格的讚嘆與對史特拉汶斯基的批判，相互比較時，不難看出其所隸屬的現代化之現代性格：不甘心統一性基礎的不再，孜孜於非統一的統一性做為替代；由是，造成一種內在於其自身之中的衝突情結，終至作繭自縛。（我們將在第二章海德格哲學的轉向中對此做類比的說明）。

相形之下，班傑明的自相矛盾，反而因著恬淡認命的心態，有效地透露出現實弔詭的一面。那就是說，吾人刻意從無意識的記憶中去捕捉此不可名狀的現實弔詭。如此隱喻所透露出來的現實，雖不是自然的現實，卻仍屬於人文的現實；事實上，後者要比前者更加自然。這樣的世俗啓明，一方面，為布爾曼平實的現代主義，提供了哲學的理據，另一方面，也為後現代的情景，標示出其源頭所在。

三、現象學對後現代的哲學定位

　　以上所述乃爲甚麼現代與後現代之間會有互補而不相容的情景。然而，那也只是勾畫出現代與後現代之間關係的輪廓而已，尙未對他們爭論的實質內容做應有的論述。第六章：「後現代的哲學論述是如何可能的？——德里達對胡塞爾現象學的解構」與第七章：「後現代的哲學論述是甚麼？——傅柯考古學與系譜學的倒轉」，便是從哲學的形式要件分別去論述其實質內容。進行這項工作之前，無疑的，我們先要解決哲學一般定義的問題。可是，按上述，現代與後現代之間的爭論原本就是對這傳統哲學的定義重新定位的問題，我們將如何確保這個傳統定義的先決條件，不至於與其重新定位的內在顛覆性格相互衝突呢？這就是第一章：「同質異形抑是異質同形？——從梅洛龐蒂來看胡塞爾與海德格的關係」處理不同議題的目的所在。

　　胡塞爾與海德格之間的爭論原屬現象學哲學的議題，即，超越現象學[1]是否可能的問題？可是，當這個爭論受到長期不

_____

[1]超越(transcendental)一詞不是一個理想的譯名，容易和transcendent混淆，故一般譯之爲「超驗」或「先驗」。然而胡塞爾的現象學卻剛好與如此的譯法相互牴觸。一般認爲後者乃專屬於康德先驗哲學的用語，而它正是胡塞爾所斥的心理主義；前者則有超過經驗的意味，與現象學從日常經驗回到物自身背道而馳。權衡其

同觀點的評論與發展後，它本身亦蛻變成另一個議題。而這個
議題與現代與後現代的爭論有著密不可分的關係。然而，令人
不解的是，如此明顯的關聯過去有很長的一段時間乏人問津。
故我們在此特別用同質異形抑是異質同形的區分，來展示這個
議題。所謂同質異形是指胡塞爾與海德格不同型態現象學的發
展，而異質同形則指這不同型態的現象學，其背後的哲學理
據。一般的看法是用海德格早晚期思想的轉變做為根據，來詮
釋這胡塞爾與海德格之間關係的根本差異，可是，就在這項處
置之中，他們又因為海德格所要表達的不外是現象學存有論，
而認為兩者同出一源，可以做為他們之間相互比較的客觀依
據。這於是產生了一種論証上倒因為果的混亂與謬誤：沿用一
個業已認定為不正確的方法去証明方法的不正確。如此的結論
儘管內容上可能仍然有效，然而，其形式上的瑕疵使得它無法
正確地彰顯其意。

　　反過來看，一如德里達對胡塞爾現象學的解構，（此即第
六章的主旨），不先排除現象學方法的有效性，而將其內容涉
指的對象存而不論，再由其方法的實地操作來証明其是否有
效。這不僅符合現象學的原意——「回到物自身」——同時也
因為現象學方法不符其目的的要求，使我們能夠由對它的批判
追溯出現代與後現代爭論的問題基源。

利弊之後，此地還是以超越一詞，釋經驗自身之超越，以避免不必要的誤會。

　　至於，爲甚麼要在第一章裡用梅洛龐蒂來進行對胡塞爾與
海德格之間關係的說明呢？在文章中，我們之所以透過梅洛龐
蒂同時受到胡塞爾與海德格影響所產生的模糊特性，指出同質
異形與異質同形的混淆難以分解，再以其運作意向性之說強行
加以釐清，主要是就現象學哲學的脈絡，以突顯其內在質變的
問題。的確，我們未曾就後現代的關聯處，爲這哲學定位的轉
換做進一步地闡明。這固然是第二章：「海德格與後現代——
其哲學轉向的再議與疏通」的論旨，不過，此地仍需就梅洛龐
蒂所處的時代背景做些補充。

　　一般以爲梅洛龐蒂思想在當代法國哲學界具有承先啓後的
地位[2]。他一方面與沙特、雷維納、呂格爾共同將胡塞爾、海
德格思想引進戰後的法國，並進一步將現象學發展爲法國的顯
學，另一方面，他卻不斷地對現象學予以消化與反省，以致新
興的結構主義不會與做爲背景的現象學格格不入，這使得他對
德里達、傅柯、李歐塔的影響，可能除了雷維納之外，甚於其
他人[3]。換言之，梅洛龐蒂本身的思想實際上就是從現象學到

[2]參見 V. Descombes, *Modern French Philosophy*, Cambridge: Cambridge
Univ. Press, 1980. 有關梅洛龐蒂的思想，可參考蔡錚雲，〈知覺現象學家：梅洛
龐蒂〉，收錄於沈清松編，《時代心靈之鑰：當代哲學思想家》，台北：正中書
局，一九九一，一四四～六八頁。

[3]Cf. J. Broekman, *Structuralism: Moscow, Prague, Paris*, Dordrecht: D.
Reidel, 1974. 本書作者因深受現象學的薰陶，嚴格地說，對結構主義的說明有些
失眞，不過，這種心態貼切地表現出現象學與結構主義交接之際普遍感所受到的困
惑。有關梅洛龐蒂這方面似是而非的講法，J. Schmitt有段非常傳 神的評價：「就

後現代的最佳寫照。故要對同質異形的現象學哲學到異質同形的後現代轉變，做一針見血的闡述，梅洛龐蒂乃不二人選。

事實上，因爲梅洛龐蒂晚期的思想在接納結構語言學的學說時，仍保留著胡塞爾現象學的原始議題，沒有理由不讓我們相信從現象學到後現代的連續性。反過來說，也因爲梅洛龐蒂本身思想的轉變，從生活世界的身體主體觀到作爲語言表詞的肉身形上世界，也沒有理由不讓我們覺察到在這連續性中的斷裂情形。如此連續與不連續之並存於一位哲學家的思想歷程中，爲後現代的哲學論述提供了一個活生生的典範。尤有甚者，由於這個典範確實是出自於一位哲學家的思想體系，使得後現代的論旨得以伸張，不至於被其貌似反哲學的論調，因邏輯上的矛盾所困，倍受誤解。

上述這種反哲學的後現代哲學之定位轉換的問題亦即第六章論証的重心所在。簡言之，若後現代是相反於傳統與現代哲學論述的話，又怎麼可能有後現代的哲學論述呢？我們在第六章藉由德里達早期作品對胡塞爾現象學的解構予以實地的分析，將前述現代與後現代爭論的議題做結構性地疏通，並因此逼顯出後現代哲學論述的可能緣由。那就是說，代表後現代哲

像大部份梅洛龐蒂對索緒爾的說法，很難（把他的說法）和《一般語言教程》的講法相互一致地對證。但是，卻不像其他的誤解，這種說法奇妙地與它相容在一起。」 J. Schmidt, *Maurice Merleau-Ponty: Between Phenomenology and Structuralism*, London: Macmillan, 1985, p. 108.

學論述的德里達之衍異策略，以及其補遺邏輯所示之自行散播原理，皆是對比胡塞爾現象學的還原方法而來。

　　這兩者之間的差異是顯然易見的。胡塞爾現象學還原的目的是要回到物自身，經由我們對日常生活世界的本質直觀，代表物自身的客觀眞理可以透過普遍意識的意向性揭示出來。德里達則懷疑這種客觀物自身與普遍意識之間平行卻又重疊的關係。然而，他的懷疑不是質疑現象學還原是否能夠窮盡或釐清此一糾纏不清的關係，而是將它由實際還原的過程中解構掉。於是，此解構之意在於指出現象學還原與還原的目的有所不同，卻不因此否定了它的價值，相反的，正因爲差異的同一性基礎無望，他轉而証明了明證性所要求的同一性，實際上，是植基於差異的衍異之中。換言之，我們的邏輯法則不是依賴形上的超越所決定的，而是基於這時間衍異對空間差異的補白才成爲可能的。

　　這麼一來，德里達與胡塞爾之間的關係不僅是斷裂的，更有個連續性可言。由於這連續性產生在斷裂之中，它不像黑格爾的辯証法是根據正題與反題間同一的形上基礎綜合出來的，反而是因爲這個形上基礎的失落所透露出來的。何以形上基礎的失落會形成如此斷裂中的連續性呢？這將是第七章的主題。在第六章裡，我們只是就德里達解構胡塞爾現象學的論証分析，証明第一章所示的異質同形論不會因爲邏輯上的矛盾而成爲一種謬誤，相反的，正因爲同質異形論的侷限，迫使後現代的哲學論述爲之開顯。

　　第七章：「後現代的哲學論述是甚麼？——傅柯考古學與
系譜學的倒轉」與第二章：「海德格與後現代——其哲學轉向
的再議與疏通」，同樣是針對 "形上基礎不再的情況下，斷裂
中的連續性是如何構成？" 的問題而來。不過，兩者分別從兩
個不同的角度而論。傅柯的考古學到系譜學的轉變是爲德里達
解構現象學後的後現代哲學做進一步理論上的建構，而海德格
早晚期的轉向是繼續同質異形與異質同形的區分，並爲此建構
提供異質同形問題的理論依據。換言之，這兩章所處理的議題
是相關互補的。表面上，第七章是我們順由傅柯〈何謂啓蒙〉
一文所示之第三條路，爲荒誕不經的後現代情景，建立一個嚴
肅的後現代哲學論述。相對的，第二章則是我們經由「海德格
事件」的落實，將海德格基礎存有論到藝術的昇華，鋪展爲後
現代言說的源頭。實際上，兩者的眞諦必須相互對照才能顯
現，不致再度被李歐塔所指責的總體敘事所蒙蔽。也就是說，
"後現代哲學的論述是甚麼？" 唯有從後現代言說的實際顛覆
中顯示，而後現代言說的顛覆也唯有透過後現代的哲學論述才
能解讀其意。

　　這其中，最近也是最具爭議性的例子，不外是海德格與納
粹之間的關係。令一般人感到困惑的是如此善惡分明的事情，
何以後現代主義者，諸如：德里達、李歐塔會那麼優柔寡斷，
以致現代主義者，諸如：哈伯瑪斯，相形之下，是如此這般地
義正嚴詞呢？若按照傅柯的解讀方式去看，如此的印象只是種
貌似嚴謹，實則專斷的道德宰制。那其實是一種以暴制暴、禮

教吃人的粗鄙。若眞是論及道德行爲的話，我們應該反過來處
理倫理學的問題，即，把考古學建立在系譜學上。這麼一來，
對海德格與納粹問題的詮釋，不再只是海德格個性上的缺陷與
否問題，它本身就是一種政治策略所衍生的實效歷史。職是之
故，善惡之間必須是種斷裂的對峙，不容襃善貶惡一己的價值
取向混淆了其形上依據。一旦在此實效歷史中，善惡等值，它
們之間的互動消長才有眞實的意義。當此之際，政治策略非但
沒有投機取巧的意味，它對現實的掌握反而要比普遍律則的專
斷――不論是道德與否――更加貼切，所以，更能突顯揚善去
惡的價值。

　　然而，這種傅柯對倫理學的解構方式並非一蹴可幾的，相
反的，由於大部份的學者對他的評論侷限在考古學與系譜學的
絕裂之中[3]，其倫理學的解構程序，只能從海德格的轉向與納
粹的關係做切入點，透過胡塞爾與海德格現象學異質同形的區
分，証明出其後現代的哲學意涵。於是，我們首先在第二章，
就海德格哲學的轉向與海德格事件之間的關係，說明後現代哲
學論述的緣由。誠然，從現象學哲學的觀點而言，海德格早期
思想之所以從存有問題追問到眞理問題，還是離不開胡塞爾回
到物自身的現代哲學問題。但是，對存有眞理的本質思維畢竟
不同於對此有的存在分析，因爲，不論從那個角度去看，後者

---

[3] 一般持這種觀點的代表，參見A. Honneth, *The Critique of Power*, Cambridge:
The MIT Press, 1991。少數不同於此觀點的代表，可見 D. Carroll,
Paraesthetics, N. Y.: Methuen, 1987.

不外是植基於前者所致。故爲了說明這之間的因果關係以確保
其現象學存有論，海德格哲學的轉向是不可避免的。

可是，就在這個轉向中，海德格與納粹的關係使得問題複
雜化。這個本質思維究竟是非理性的化身，還是反理性的遁
詞？海德格晚期透過現代科技文明的批判，彰顯出事情發用的
歷史性思維，就是爲傳統的哲學觀重新去定位。然而，這種後
現代的哲學論述必須由德里達的解構方式才能揭曉。簡言之，
當本質思維爲了開顯存有，不再繼續追問存有的意義，而是回
顧未來的降臨之際，存有的超越將不在超越存有者的精神統合
力上，而在賀德林與拓拉克的詩之隱喻中。這種解構的詮釋方
式，一方面，符合了海德格所強調的語言本質，認爲它是經由
其隱蔽性格自行訴說的，另一方面，則被拉古賴巴德衍用爲揭
示實情的謀略，即，以產生摹擬主體之非主體的撕裂過程取代
摹擬主體的作用，將海德格的本質思維視爲一種政治的編造，
並以此顯示海德格事件所透露的後現代意涵。這個後現代意涵
最後可以由李歐塔對忘情之沒齒難忘進一步地充分發揮出來，
責成爲後現代哲學論述的源頭。

接著，我們在第七章中，透過傅柯的言說分析來鋪展這個
後現代哲學論述的主旨。傅柯是一位爭議性很強的思想家。不
僅在現代與後現代的爭論中，他特立獨行，就是其考古學與系
譜學之間的斷裂，亦令一般系統哲學家所詬病。可是，正因爲
如此，他才能避免許多無謂的預設立場之爭。原來，其學說的
自相矛盾與未決所表現的後現代意涵是有目共睹的，而他之所

以如此，與其回歸於現代主義有密切關聯。可是，這種回歸不在於現代性的復興，而是爲後現代的哲學論述提供個典範。於是，和德里達解構胡塞爾現象學一般，其批判充斥著哲學意味。不過，不同於德里達沉迷於解構策略的運用，傅柯則用心在哲學論述的建立上，以致他在編史性的系譜學之外，仍舊致力於言說分析的考古學。

雖然，就其思想演變的歷程而言，系譜學是繼考古學的不足而來，但實際上，這之間的關係應倒過來看，那就是說，考古學建立在系譜學上。因爲，一方面，傅柯之用考古學是受巴舍拉與康居瀚科學史哲學的影響而去顛覆傳統知識論，另一方面，系譜學的經營，一如尼采用禁欲理念伸張權力意志的自我超越，是奠基在考古學的界域上。在這種解讀方式之下，就像後現代對海德格事件解構式的詮釋將存有問題落實於存有論的差異中，系譜學反而成爲考古學建立知識論結構之基石。此亦即傅柯在〈何謂啓蒙？〉中所要表達的宗旨。不錯，就現代的觀點來看，這種後現代的哲學論述始終是支離破碎的，無法有效地勾畫出理性自主的面貌。但是，就後現代而言，如此的缺憾來自於現代哲學論述的故步自封，而非後現代的原罪，相反的，現代對後現代的反彈正是後現代哲學論述的契機，因爲，唯獨如此，將必然形式限制下的批判轉化爲踰越可能形式的實際批判，才能脫穎而出。對哲學論述而言，這不正是現代秉持的啓蒙理性嗎？故後現代的哲學論述早已在斷裂中彰顯，藝術的昇華不外是去說那不可名狀的弔詭，傅柯不過是用考古學與

系譜學的關係嚴肅地面對之，並從倒轉中將其哲學揭露出來罷了。

四、斷裂中的連續

當海德格事件的後現代意義與傅柯考古學與系譜學之間關係的倒轉，一前一後地將後現代的哲學論述鋪展出來之際，無疑的，它絕非傳統哲學定義下的反哲學，即使我們不能因此明確有效地論述後現代的哲學，亦復如此。這種情形在二十世紀西方哲學的發展中，無獨有偶地發生在代表新馬克思主義的批判理論中。原來，從阿多諾、霍克漢默到哈伯瑪斯，他們同樣是從實踐到理論的途徑中致力於非傳統定義的哲學，亦同時受困於非哲學的哲學論述。可是，雖然兩者有異曲同工之效，反對後現代最激烈的，卻盡是此派學者[4]。

這種相煎何太急的現象並非傳統哲學觀點下的全然消極意味所能彰顯，相反的，它是經由後現代哲學觀點的解讀，透露出當代哲學與近代哲學的界限：非理論的理論。針對這個傳統哲學認為不可思議的論題，不論是現代主義的批判還是後現代主義的解構，皆不難理解為從事於非理論的理論化工作。因

---

[4]這其中最有名的，莫過於 J. Habermas, *The Philosophical Discourse of Modernity*, Cambridge: The MIT Press, 1987. 其次，亦可見於 A. Callinicos, *Against Postmodernism*, Oxford: Polity Press, 1989.

此，它斷然不是一種反智的傾向，更談不上是一種言不及義的
廢話。然而，這種後現代哲學的讀法究竟有何必然的架構？在
當代學者的摸索中，仍無定論。我們只是就現象學方法為一線
索，提供一個可以做進一步思考的方向[5]。但這並不表示此乃
唯一必然的途徑。至於為何此未成熟的思想具備了可供進一步
研究的價值？則將在本書下列各章節中分別予以詳細說明。

---

[5]例 如 J. B. Madison, *Hermeneutics of Postmodernity*, Bloomington: Indiana
Univ. Press, 1989.

第 一 章

同質異形抑是異質同形？

～從梅洛龐蒂來看胡塞爾與
海德格的關係

　　眾所周知，胡塞爾(Husserl)與海德格(Heidegger)在二十世紀的西方哲學史裡佔極重要的一席之地。更引人關注的是他們之間思想上的承傳關係，除了《大英百科全書》中〈現象學〉一文的撰寫，造成兩人分道揚鑣的著名歷史事件之外[1]，隨著他們的哲學對當代思潮形成舉足輕重的影響，也使早年兩者亦師亦友的關係變得撲朔迷離，是非難斷。關於這方面的文獻，有如過江之鯽，令人目不暇視[2]。大體而言，學者多半是

---

[1]參見H. Spiegelberg, *The Phenomenological Movement*, third revised & enlarged edition, The Hague: Martinus Nijhoff, 1984, pp. 342-4; W. Biemel, "Husserl's Encyclopaedia Britannica Article and Heidegger's Remarks Thereon," in R. Elliston & P. McCormick, eds., *Husserl's Expositions and Appraisals*, Notre Dame: Univ. of Notre Dame, 1977, pp 286-303.

[2]諸如：E. Tugendhat, *Der Wahrheitsbegriff bei Husserl und Heidegger*,

從海德格批判胡塞爾的觀點衡量之：若不是從海德格的基礎存有論駁斥胡塞爾的超越現象學，就是從前者詮釋現象學對後者的發揚光大而為胡塞爾辯護。

　　然而，這裡頭隱藏著一個同質異形抑是異質同形的問題，前者意味著從現象學哲學的觀點來比較海德格與胡塞爾之間的關係，後者可以說是由兩者的比較來評價現象學哲學的發展。在這個區分下，胡塞爾與海德格之間的思想關係跨出了本世紀初歐陸以現象學哲學為中心的格局，直指今日現代與後現代的爭論[3]。我們甚至可以說，若要進入今日哲學議題的探討，由兩人思想關係所衍生的種種評述，業已成為一個不可或缺的理論背景。可是，令人訝異的是至今仍舊乏人就這個意義深遠的問題，反過來對如此眾多評述做一番有系統的整理，以致它間

Berlin: Walter de Gruyter, 1967; R. Schact, "Husserlian and Hiedeggerian Phenomenology," *Philosophical Studies*, 23, 1972, pp. 293-314; F.-W. von Hermann, *Der Begriff der Phänomenologie bei Heidegger und Husserl*, Frankfurt am Main: Vittor Klostermann, 1981; T. Stapleton, *Husserl and Heidegger: The Question of a Phenomenological Beginning*, Albany: State Univ. of N. Y. Press, 1983; J. N. Mohanty, "Consciousness and Existence: Remarks on the Relation between Husserl and Heidegger," "Transcendental Philosophy and the Hermeneutic Critique of Consciousness," in *The Possibility of Transcendental Philosophy*, Dordrecht: Martinus Nijhoff, 1985, pp. 155-65, 223-46.

[3]所謂現代與後現代之爭，參見本書第三章。相關的資料，見第三章註4。

接影響到今日現代與後現代糾纏不清的爭論。這是甚麼緣故呢？

一、胡塞爾與海德格關係的困惑

固然，各種不同且層出不窮的評述阻礙了我們對胡塞爾與海德格之間的關係做任何蓋棺論定的可能，不過，光憑這點尚不足以說明為甚麼還繼續有不斷論述會出現的事實。畢竟，不論事實的變化是如何多端，若不是由其所以然來披露，我們又何嘗知其然？顯然，這個問題不是不能有一個系統性底探討，只是不曾以此看待過。

那麼，又為甚麼一般學者會有如此嚴重的疏失呢？我們以為，這在於學者孜孜於胡塞爾與海德格之間承傳關係史實上的考察，或用心於他們之間思想上錯綜複雜議題的釐清，忘卻了他們的詮釋才是真正的文本；換言之，胡塞爾與海德格思想之間的關係，其實是經由各種詮釋而決定出它是如何鋪展的，不應倒過來看。這種看法固然是由現代與後現代之間觀點的爭論所揭露的，不過，它也不違背現象學本來的講法，即，了解事實真相為何，只能從現象的觀察著手，故對現象所做的本質直觀亦即現象內容之形構，不論此構成的表現是胡塞爾所謂的意識意向性，還是海德格所謂的存在性詮釋。由此觀之，雖然一般學者詮釋的對象是胡塞爾與海德格的現象學，由於他們並非

眞正用及現象學的方法處理之，以致兩人之間的思想關係，就像現象學的口號「回到物自身」(zur Sache selbst)再度淪落到康德的「理體」一般，始終無法有效地說明。故本文的論旨必須開宗明義地指明：處理胡塞爾與海德格之間的思想關係時，我們不能重蹈覆轍，而是扣緊了現象學的方法來面對現象學(Phenomenology of Phenomenology)；從學者的種種詮釋本身切入，比較不同類型的詮釋，以鋪展胡塞爾與海德格之間，如何因現象學的緣故，產生各種可能的關係，再依此來說明其意涵與影響。

　　那麼，在處理胡塞爾與海德格之間思想的關係時，一般的詮釋認爲現象學扮演的角色爲何？如何才是眞正用及現象學的方法？上述一般詮釋之所以用海德格對胡塞爾的批判做爲衡量兩者之間思想關係的基準，是把現象學哲學當做一個既定事實來看待。不錯，海德格在繼承胡塞爾現象學之餘，提出不同的見解，因此才有誰是誰非的問題；再由這個問題的認定形構出他們之間複雜的關係。就此而言，海德格之異於胡塞爾的見解是否眞實有效自然成爲問題的核心。然而，此時所謂的眞實有效究竟是誰對誰來說呢？學者往往直接從誰是誰非的觀點來答覆。這麼一來，無形中，造成問題焦點的轉移，不同見解的眞實有效性取代了不同見解的自身，現象學方法也隨之由一個既定的事實變成一種成見。那就是說，胡塞爾與海德格之間的不同，是基於一種是非對錯的認定所致，不是按照他們之間的差異判定出一個是非對錯來。

　　我們知道胡塞爾就是對這種被他稱爲心理主義的處理方式
不斷予以批判，才導致現象學的產生，因爲主觀認定所決定出
的是非對錯，非但不能維護其自身所標榜的眞實有效性，反而
因此杜絕了眞實有效的可能。海德格針對這個批判繼續追問
道：要使這種客觀的眞實有效性實際上生效的話，我們能夠不
有所標榜嗎？不錯，最好有個自明的客觀眞理直接讓我們明
瞭，可是，對我們而言，即使有這麼一個客觀眞理，也必須透
過我們的把握才得彰顯。因此，雖然胡塞爾對心理主義的批判
屬實，海德格認爲，客觀眞理的落實不比客觀眞理本身的價值
來得輕。高達瑪(Gadamer)便是如此去衡量胡塞爾與海德格之
間的關係[4]，他代表典型的海德格主義者，從基礎存有論的立
場批評胡塞爾超越現象學。可是，這麼一來，不就同時意味著
現象學是不可能的嗎？一般海德格主義者，特別是研究早期海
德格思想的學者，不會對此草率地下結論[5]。畢竟，再怎麼
說，海德格也不是一個反對客觀眞理的歷史相對主義者，他之
所以批評胡塞爾乃是就後者所提出的客觀眞理加以充實。然
而，正是這一點，胡塞爾主義者，例如：莫漢諦(Mohanty)，
反問道：胡塞爾對心理主義的批判不就已經是落實這個客觀眞

---

[4]H. Gadamer, "The Phenomenological Movement," in *Philosophical Hermeneutics,* Berkeley: Univ. of California Press, 1976, p. 170.

[5]Cf. J. Taminiaux, "From One Idea of Phenomenology to the Other," in *Heidegger and the Project of Fundamental Ontology*, N. Y.: State Univ. of N. Y. Press, 1991, pp. 1-54.

理嗎[6]？換言之，海德格爲胡塞爾的客觀眞理所補充的詮釋事
實性，早已包含在胡塞爾的現象學還原之中。故對他們來說，
海德格的問題亦可同樣地反過來問海德格自己：若他對胡塞爾
的批判誠如其所指，試問海德格能夠離開存有意義的問題進行
對此有的存在分析嗎？就此爭論，對同樣熟悉胡塞爾與海德格
的學者而言，諸如：芬克(Fink)、蘭格列伯(Landgrebe)，若
胡塞爾的現象學還原仍有待海德格的存在分析，才告功德圓滿
的話，不就已經證明了胡塞爾現象學還原的不足？否則，又何
需海德格的存在分析來提醒呢[7]？

二、另一種詮釋的策略

如果以上的看法代表過去一般處理胡塞爾與海德格關係的
共識所在：現象學，不論是就方法意義還是就本體特徵而言，
皆屬必要的條件，那麼，德里達(Derrida)經由胡塞爾現象學
還原的解構，進一步破除海德格的形上學迷思，才算是眞正的
現象學終結者。原來，德里達不是要補充胡塞爾現象學還原的

---

[6]J. N. Mohanty, *Transcendental Phenomenology: An Analytic Account*, Oxford: Basil Blackwell, 1989, p. 59.

[7]L. Landgrebe, "Husserl's Departure from Cartesianism," in R. O. Elveton ed., *The Phenomenology of Husserl: Selected Critical Readings*, Chicago: Quadrangle Books, 1970, p. 259-306.

不足，相反的，他根據現象學還原，指出做為現象學基礎的客觀真理不再[8]。問題是，一旦如此釜底抽薪地解決了胡塞爾與海德格彼此間關係的糾纏不清時，不論其原因是指對現象學的預設還是指現象學方法的成見，這不也同時否定掉現象學耿耿於懷的物自身嗎？果真如此的話，這種對現象學的詮釋還稱得上是詮釋嗎？

　　無怪乎，新興的後現代主義迫不急待地把整個現象學哲學也一併予以揚棄。不過，經由這種迥異於一般對胡塞爾與海德格關係的詮釋看待，同質異形抑是異質同形的問題便浮現出來了。那就是說，胡塞爾與海德格之間思想的關係究竟是一種同中取異的關係呢？還是一種異中求同的關係？乍看之下，一般的詮釋大都是就現象學採取同中取異的同質異形論調，而德里達的這種看待方式則以異中求同的異質同形論著眼。深一層地去看，我們發現這之間的差異不是那麼直接了當。由於同質異形的同中取異方式視胡塞爾與海德格之間的關係為一既定的事實，無形中，它把現象學視之為當然，以致論及他們之間的關係時，針對現象學的實際意涵，處於一種非此即彼或非彼即此的不相容情景。相對於此，異質同形的論點卻因為它無意於誰是誰非之定論，反而透過異中求同的方式突顯出一種異同並存的重疊特性，並因此確保了胡塞爾與海德格之間的差異。就此而言，若說胡塞爾與海德格思想上的差異是基於其相關性而來，我們何嘗不能反過來說胡塞爾與海德格之間是因其差異的

---

[8]詳細探討德里達對胡塞爾的解構，可參考本書第六章。

顯示構成彼此的關聯？事實上，就現象即物自身而言，後者更符合現象學的宗旨。於是，德里達對胡塞爾與海德格思想關係的說法，與其說他背離了現象學哲學，不如說他的詮釋更能表現出現象學方法的眞諦。

　　對於這樣一個似是而非的弔詭，在種種詮釋中，梅洛龐蒂(Merleau-Ponty)的例子是最傳神的。的確，就當代哲學史的發展而言，我們都知道，對梅洛龐蒂知覺現象學的批判直接開啓了結構主義、後結構主義、甚至後現代主義的呼聲，可是，吾人有所不知，正是這種對現象學的批判使梅洛龐蒂從眾多對胡塞爾與海德格思想關係的詮釋中脫穎而出。原來，一方面，由於他的知覺優先性對現象學物自身議題的強調，使得他比起任何其他現象學家更要符合現象學哲學的基本精神。可是，另一方面，他卻在《知覺現象學》中指出：對現象學的處理，不光是引述胡塞爾與海德格的看法就夠了，更要緊的是具體表達這種向我們產生意義的現象學，因此，閱讀胡塞爾或海德格的作品時，不只是要懂得他們的意思，更是去掌握他們所開顯卻未曾窮盡的界域[9]。單單把這兩項主張當作命題來看待，我們無法跳離邏輯上二律背反的謬誤，讓梅洛龐蒂自圓其說。但是，對照德里達所代表的後現代對客觀本質之排斥，梅洛龐蒂的理論，誠如我們先前所說應如何對待胡塞爾與海德格的關係，顯然立足於「文本之建立在對文本的詮釋中」。這種對照的結

---

[9]M. Merleau-Ponty, *Phenomenology of Perception*, London: Routledge & Kegan Paul, 1962, p. viii.

果，顯示著隱藏在梅洛龐蒂思想中後現代的性格。

可是，對梅洛龐蒂來說，它異於一般從海德格存在詮釋的角度所見，而是由胡塞爾現象學還原的觀點發揮出來的。因此，我們可以透過梅洛龐蒂的立論點看出這應然的理據，那就是說，當現象學哲學面臨自身的界限問題之際，依此而生的緊張關係，包括胡塞爾與海德格的關係在內，是由現象學方法來應對與消解。根據梅洛龐蒂自己的講法，他之所以會有如此體會主要是受到芬克《第六沉思》(*VI Cartesianische Meditation*)的影響[10]。芬克的《第六沉思》乃胡塞爾改寫《笛卡兒沉思》所交待的任務。雖然胡塞爾對芬克的這篇作品不像對另一篇文章那般毫無保留的同意[11]，但該文主題——「體現於世」(Verweltlichung)——的形成與發展仍舊完全是依照胡塞爾的意思進行[12]，所以說不僅僅胡塞爾後來會有《歐洲科學危機與超越現象學》(*The Crisis of European*

---

[10]Ibid. E. Fink, *VI Cartesianische Meditation*, herausgegeben von H. Ebeling, J. Holl, G. Van Kerckhoven, Dordrecht: Kluwer Academic Publishers, 1988. 另參見H. L. Van Breda, "Merleau-Ponty and the Husserl Archives at Louvain," in M. Merleau-Ponty, *Texts and Dialogues*, eds. H. J. Silverman & J. Barry, N. J.: Humanities Press, 1992, pp. 150-61.

[11]E. Fink, "The Phenomenological Philosophy of Edmund Husserl and Contemporary Criticism," in R. O. Elveton, *op. cit.*, pp. 73-147.

[12]Cf. R. Bruzina, "The Enwordling(Verweltlichung) of Transcendental Phenomenological Reflection: A Study of Eugen Fink's '6th Cartesian Meditation'," in *Husserl Studies*, vol. 3, 1986, pp. 3-29.

Sciences and Transcendental Phenomenology)一書不同以往風格的出現,因此有個脈絡可循,就是胡塞爾與海德格思想的交集點,也因為芬克的身份――胡塞爾晚年的助理,又曾受習於海德格的門下――得到活生生的印證。

三、困惑肇始的問題

一旦我們透過這個梅洛龐蒂詮釋的原始根據,確立同質異形論植基於異質同形的合法依據,便可以就此反過來替胡塞爾與海德格之間錯綜複雜關係辨明註腳。首先,我們就胡塞爾與海德格之間複雜關係的出處來看。在〈現象學〉一文的撰寫中,海德格問道:「這個構成世界的存有(即,超越自我)是個甚麼樣的存有[13]?」胡塞爾於該文裡的答覆表面上相當含混――那只是「態度上的改變」[14],並不涉及海德格所關心的「存有問題」――而在私下的信函裡,他卻認為海德格的質疑顯示後者還停留在世俗或心理主義的領域中,未曾悟及超越哲學的中心議題[15]。一般於是據此反而認為胡塞爾囿於超越還原的反

---

[13]Biemel引自海德格至胡塞爾的信函,見W. Biemel, op. cit., p. 300.

[14]E. Husserl, "Phenomenoloy," in P. McCormick & R. Elliston eds., *Husserl: Shorter Works*, Notre Dame: Univ. of Notre Dame Press, 1981, p. 31.

[15]參見胡塞爾一九二七年十二月二十六日寫給Ingarden的信函, R. Ingarden ed., *Briefe an Roman Ingarden*, The Hague: Martinus Nijhoff, 1968, p. 43.

省，不曾意識到海德格的存有問題所引申的存在事實性[16]。上述芬克的《第六沉思》証明了如此的評斷並無根據可言，因爲如果胡塞爾確實囹顧世界構成的形上基礎問題，完全自足的超越自我就不會有「體現於世」的問題，更何況現象學心理學與超越現象學之間的關聯，正是胡塞爾在〈現象學〉一文中著力的重點[17]。故我們可以判定胡塞爾不會不懂得海德格的問題，只是不表同意而已。

接著，再從他對芬克《第六沉思》部分術語的選用有所顧及來看，我們發現胡塞爾與海德格之間的歧義正因爲這個交集才得以進一步的定位。在胡塞爾的眉批裡，他始終不願使用「外表」(Erscheinung)一詞，而改用「具現」(Äusserung)一詞，來說明超越自我「體現於世」的具體化(objectivation)活動。這就足以証明他是有意迴避海德格的存有問題[18]。這個迴避的理由，固然，可以回溯於《存有與時間》(*Being and*

---

[16]例如 J. C. Morrison, "Husserl and Heidegger: The Parting of the Ways," in F. Elliston ed., *Heidegger's Existential Analytic*, The Hague: Mouton Publishers, 1978, pp. 47-59.

[17]Cf. Cheng-Yun Tsai, "Phenomenology and Psychology: Before and After the Phenomenological Reduction," in V. Shen, R. Knowles and Tran V. D. eds., *Psychology, Phenomenology and Chinese Philosophy*, Washington, D. C.: The Council for Research in Values and Philosophy, 1994, pp. 95-113.

[18]Cf. J. Taminiaux, "Heidegger and Husserl's Logical Investigations: In Remembrance of Heidegger's Last Seminar," in *Dialectic and Difference*, N. J.: Humanities Press, 1985, pp: 91-114.

Time)中，海德格借由「外表」一詞對胡塞爾現象學的現象所作之批判――在那本書裡[19]，現象自身的表現不是單單的經驗本質所能窮盡，而是由異於「手前存有」(Vorhandenheit)的「此有」(Dasein)之存有所揭露的――經由這個「此有」的對照，胡塞爾的現象本質自然只是個不能完全表彰的表象。可是，胡塞爾此刻極力擺脫「外表」一詞的使用，不外是要顯示他並非海德格所批判的，未曾深入現象背後的本體層面，而是指其形上基礎另有所據。於是，一種並行而非對立的關係才得以出現。它意味著胡塞爾與海德格之間的關係，必須由異中求同的異質同形問題決定出同中取異之同質異形的可能。

可是，我們若把這個初步的結論孤立起來，視胡塞爾與海德格之間的關係由不同的形上立場所致，不就反而証實了海德格主義者異質同形的詮釋嗎？那裡還有同質異形的問題呢？當此之際，回顧梅洛龐蒂的詮釋之所以能夠擺脫他人的窠臼，體現出現象學的物自身，而不至於淪落爲理體，再度爲我們提供及時且必要的線索。原來，胡塞爾與海德格的不同形上立場，必須追溯其形成的原因，做有效的區分與說明。就此而言，上述問題的癥結在於意向性的詮釋上。針對這個胡塞爾現象學還原的中心議題，在海德格《時間概念歷史》(*History of the Concept of Time*)的出版之前[20]，我們看不出他是如何直接予

---

[19]M. Heidegger, *Being and Time*, N.Y.: Harper & Row, 1962, p. 52.

[20]M. Heidegger, *History of the Concept of Time*, Bloomington: Indiana Univ. Press, 1985. R. Bernet就是根據這些新資料重新檢討胡塞爾與海德格對意向性的

以挑戰，造成《存有與時間》的形上轉向，只知道他將現象學的方法應用在存有的問題上，並因此批判胡塞爾的侷限。這之間的前因後果一直是個謎，學者不得不臆測這其中轉換的關係，來詮釋胡塞爾與海德格的異同。誠如前述，學者本身採取的立場與議題的認同，而非他們所面對的客觀問題，便成爲起點。例如：用知識論與形上學的分野，或是觀念論與實在論的區別，說明胡塞爾與海德格之間差別的源起[21]。

　　這種誤差之所以不見於梅洛龐蒂，除了《第六沉思》現象學超越還原之「體現於世」涉及意識意向性的存在性問題之外，芬克的另一篇文章〈胡塞爾現象學的運作概念〉進一步釐清顯題(thematic)與運作(operative)，這兩個重疊卻不同功能的意向活動，從而爲如此令人困惑的關鍵處指明一條出路[22]。那就是說，對胡塞爾而言，超越自我乃現象學還原的實際運作，對象是由此得以彰顯，但是，這個運作本身不能也不是顯題的對象。於是，當海德格問及那個超越自我的存有是甚麼

看法, "Husserl and Heidegger on Intentionality and Being," In *Journal of the British Society for Phenomenology*, vol. 21, No. 2, 1990, pp. 136-52.

[21] S. Crowell, "Husserl, Heidegger, and Transcendental Philosophy: Another Look at the Encyclopaedia Britannica Article," in *Philosophy and Phenomenological Research*, vol. L, No. 3, 1990, pp. 501-18.

[22] E. Fink, "Operative Concepts in Husserl's Phenomenology," in R. Harlan, W. McKenna & L. E. Winters eds., *Apriori and World*, The Hague: Martinus Nijhoff, 1981, p. 56-70.

時，胡塞爾認爲海德格除非停止現象學還原的運作，否則不能
對它提出顯題化的要求；海德格一旦如此去做，就無法對此顯
題化的要求予以有效的說明，導致他最終跳不出心理主義的瓶
頸。然而，對海德格而言，如此地區分其實是基於「手前存
有」與「此有」的存有論差異(Ontological difference)而
來，我們不應本末倒置地用其所衍生的顯題與運作之別，取消
做爲根源的存有論差異。因此，若要使超越自我的現象學還原
有效地運作，就必須先確立其存有基源，否則，只爲了顯題化
設定其運作而不加以自省，造成「存有遺忘」的不是他而是胡
塞爾。

四、梅洛龐蒂的解決之道

　　如此針鋒相對的情景又與上述異質同形的詮釋有所不同
了。後者是胡塞爾與海德格兩個不同的形上立場所致，前者則
是就現象學方法不同的看待，爲其不同的形上立場，說明差異
形成的基礎。原來，在胡塞爾的心目中，存有論差異只是個同
中取異的問題，對海德格而言，涉及意向性則是個異中求同的
說法。這麼一來，先前異質同形與同質異形的混淆便能迎刃而
解。不過，這其中意義的變遷，若不用梅洛龐蒂的詮釋去看，
將無法辨明異質同形與同質異形這兩個分別隸屬於不同層面卻
又貌似相同的問題。那麼，梅洛龐蒂是如何爲我們解惑呢？

　　簡言之，他一方面同意海德格的看法，認爲只有透過存有論差異，非顯題化的運作自身才得以證成；不過，另一方面，他異於芬克作此文偏向海德格的原始立場，認爲即便是這種存有論差異，也唯獨在現象學還原的超越區分下才能生效，否則，存有論的差異一如它所批判的現象學還原難逃神秘主義的偏離[23]。比較前述梅洛龐蒂的立論點，無疑的，他所意味的是說胡塞爾與海德格之間的差別不在於存有論之先於現象學，而在存有論的優位只能在現象學還原中顯現。如此一來，所衍生出的異質同形與同質異形關係是異同並存的：胡塞爾的異中求同是就運作而言，好讓超越自我經由現象學還原充分反映出物自身來；海德格的同中取異則以物自身爲主，意向活動與意向內容的差異不外存有論差異的落實。

　　然而，就是這種同質異形與異質同形的異同並存之說明方式，造成胡塞爾與海德格關係混淆不清的主因。因爲這種並存關係的表達方式，也可以由沙特(Sartre)所說，被解釋爲一種形上的同一性所預設出來的二元對立；然而，這種形式對立的一元論取消了兩者之間任何實質上的差異[24]。爲了提防現象學方法變成另一種形上獨斷所引起的混淆，梅洛龐蒂必須直接用

---

[23]參見B. Hopkins, *Intentionality in Husserl and Heidegger*, Dordrecht: Kluwer Academic Publishers, 1992. 此書意由現象學的物自身析論胡塞爾與海德格的思想關係，只是作者不知此一立場早已由梅洛龐蒂所披露。

[24]Cf. J.-P. Sartre, *Being and Nothingness*, London: Methuen & Co., 1957, pp. xiv-lxvii.

現象學方法做爲異同並存的客觀依據。職是之故,他透過運作
意向性(Operative intentionality)直指做爲現象學物自身的
知覺世界[25],以表明不論海德格的異質同形論還是胡塞爾的同
質異形論,皆不是由現象學方法以外的方式來決定。也就是
說,由於這個知覺世界一方面是意向性構成的意義基源,另方
面又是體現意向性活動的存在世界,前者固然確認了胡塞爾現
象學實証論的特色,後者卻保留住海德格所引發的存有論差
異。梅洛龐蒂本人於是才能游刃於兩者所開顯卻未曾窮盡的界
域,不受其撲朔迷離之苦。對我們的主題而言,胡塞爾與海德
格之間的思想關係也因此跳出是非對錯的爭議,因爲那無關乎
他們之間形上立場的誰是誰非,而單單由現象學方法來証明不
同見解的眞實有效性,藉此才有合理的是非對錯可言。

　雖然經由梅洛龐蒂的詮釋,成功地揭開蒙在胡塞爾與海德
格之間關係上的面紗,對我們的主題而言,如此強調梅洛龐蒂
的詮釋會不會有喧賓奪主之嫌?其實不然,我們引用梅洛龐蒂
的觀點不只是爲了印証德里達的詮釋,更要緊的是實地操作存
而不論的現象學方法,先從種種詮釋中劃分出現象學與非現象
學的本質差異,使我們不致重覆於那些已有的詮釋,不自覺地
捲入是非對錯的抉擇,忘卻了胡塞爾與海德格之間差異的原本
議題。相對於此,高達瑪從海德格晚期思想來衡量胡塞爾與海
德格關係的方式,必須被我們排除,因爲他企圖內在地顛覆現

---

[25]M. Merleau-Ponty, *op. cit.*, p, xviii.

象學的終極基礎(Letzbegrundung)[26]，一如德里達的解構所意，卻又非實地的去解構，使得海德格原本依照現象學的本質或範疇直觀對現象的詮釋，蛻變爲一種凡現象即詮釋的詮釋學循環(Hermeneutical Circle)。不錯，我們可以發現到在〈論人文主義〉(Letter on Humanism)中，海德格最後也的確有此傾向，揚棄了早先現象學的議題[27]。可是，這種將事件因果倒置的詮釋方式將無助於胡塞爾與海德格之間思想關係的釐清，反而因爲議題的偏離，扭曲了胡塞爾現象學的原意，就像傅柯(Foucault)在《事物的秩序》(*The Order of Things*)中對現象學的批判[28]，把現象學限制在西方近代知識論的論題發展上；這將使其方法意義隱而不彰，進一步地造成其哲學意義的失落。

　　針對反理性主體掛帥的議題而言，我們不能說這種作法是無的放矢。可是，由於這種理解方式，意識意向性被曲解爲籠罩在吾人自身之中的心理活動，完全違背了胡塞爾批判心理主義的原始動機，使得現象學的物自身混同於康德的理體，造成難堪的自相矛盾，即，不僅胡塞爾與海德格之間變得毫無關係

---

[26]H. Gadamer, "The Hermeueutics of Suspicion," in J. N. Mohanty ed., *Phenomenology and the Human Sciences*, The Hague: Martinus Nijhoff, 1985, p. 79-80.

[27]M. Heidegger, "Letter on Humanism," in D. F. Krell ed., *Martin Heidegger: Basic Writings*, N. Y.: Harper & Row, 1977, pp. 193-242.

[28]Cf. M. Foucault, *The Order of Things*, N. Y.: Vintage Books, pp. 303-43. 從傅柯的角度來看其思想與現象學的不同，參閱本書第七章，第五節的討論。

可言，就是海德格自身早晚期思想也成為一種斷裂，不是一種
轉變(Kehr)。這非但與史實不符，亦使得後現代本身的論題變
得十分曖昧與弔詭[29]。因此，我們必須借用梅洛龐蒂的說法重
申：若要處理胡塞爾與海德格之間的思想關係就離不開現象學
的物自身，若要處理現象學的物自身就離不開現象學的還原方
法。雖然現象學家對現象學還原方法有不同的詮釋與評價，但
這些不同之處不是遮蓋了現象學的物自身，而是去彰顯它。

五、現象學方法與後現代詮釋

的確，惟有經由現象學還原彰顯現象學物自身的方式，來
看待胡塞爾與海德格之間的思想關係，才能有效地表達出他們
之間異同並存的根本意涵。可是，梅洛龐蒂不是也同時指出
「完全的現象學還原是不可能的」[30]？難道這其中的自相矛盾
還不夠明顯嗎？

在「背離笛卡兒主義的胡塞爾」一文中，蘭格列伯就這個
問題指出胡塞爾的超越經驗領域不是笛卡兒的我思(cogito)所
揭示的思維，而是對這個我思做進一步地還原所得出的意向關
係[31]。原來，就胡塞爾的現象學還原而言，笛卡兒的我思只是

---

[29]由海德格思想的轉變引申出的後現代意涵是本書第二章的宗旨。

[30]M. Merleau-Ponty, op. cit., p. xiv.

[31]L. Landgrebe, op. cit., p. 278.

對個別事物所作的現象學心理學還原,於是,笛卡兒的我在
(ergo sum)仍是個心理學的自我,不是超越自我。後者則是由
超越現象學還原透過自由聯想(free variation)所揭曉。莫漢
諦對此有段獨到的見解:「就自然數而言,n的任意選擇是按
規則建立出來的,而這規則是指產生n'的作用;在想像聯想之
中,想像充分意識到自由而創造出變元,思維則是去找尋在這
個創造力中隱含的規則[32]。」那就是說,自由聯想所建立的規
則不是個別存在的普遍共相,而是個別存在所意涵的本質。因
而,前者才是傅柯所指責的表象(representation),後者是使
現實存在之能夠顯現的Vergegenwärtigung。回到芬克顯題與
運作的劃分去看,我們可以說胡塞爾的意識意向性,異於一般
觀念論對顯題與運作的同一性要求,容許一個非顯題運作的成
立。這使得胡塞爾的超越自我具有觀念論的普遍意義,又不失
實在論的經驗內容。

可是,這麼一來,這個隱含在現實存在中的顯現又是甚麼
呢?觀念論之所以提出知識的明証性就是要確保此運作的合法
性。此刻,一個未顯題的意識運作將如何證明是客觀的?一般
以為正是這個問題,招致海德格的批判。因為,就論理而言,
這個顯現最終還是要由黑格爾式的絕對存有來說明,要不,就
像蘭格列伯依據胡塞爾《危機》一書的發展,把超越自我的絕
對經驗解釋為哲學家面對不可抗拒實然的歷史處境[33]。

---

[32] J. Mohanty, *Transcendental Phenomenology*, op. cit ., p. 32.
[33] L. Landgrebe, op. cit., p. 285.

　　誠然，對上述的終極問題，不論是那種選擇都離不開海德格所提出來的問題：那到底是一種反省還是詮釋？可是，根據本文所區分的異質同形與同質異形，我們對此一般所做的解釋持保留的態度。因爲，對這個問法的答案是別無選擇地採取海德格的形上立場。那就是說，一旦胡塞爾視超越自我爲絕對的存有，他就必須說明這個做爲一切意義的來源，而這個說明又不能基於觀念論同一性的要求，於是，只有海德格存有論的詮釋才能予以有效的說明。換言之，當前者正是胡塞爾所要避免的，後者自然是唯一的出路。所以一般都以海德格對胡塞爾的批判爲基準[34]。

　　可是，這麼一來，又如何解決現象學方法所根據的明証性問題呢？起碼，傅柯的問題於此就不能等閒視之：一個不具知識明証性的存有論詮釋是如何證明的？我們知道，海德格的轉變就是針對這個問題而來[35]。可是，一如前述，這種對存有的基礎思維或形上學超越是由基礎存有論發展出來，我們不能倒因爲果地視此爲說明胡塞爾與海德格關係的依據。因爲，順由這個問題發展下去，異質同形抑是同質異形的問題將無法分

---

[34]O. Pöggeler, *Martin Heidegger's Path of Thinking*, N. J.: Humanities Press, 1987, p. 60.

[35]M. Heidegger, "The Essence of Truth," in *Martin Heidegger: Basic Writings*, op. cit., pp. 117-41. 另可參見海德格爲Richardson所作之「序言」, in W. J. Richardson, *Heidegger: Through Phenomenology to Thought*, The Hague: Martinus Nijhoff, 1967, pp. xvii-xxii.

辨。更何況，這裡問及的是現象學方法的基源，而海德格的存有眞理問題卻使我們無力於現象學的方法。在這個前提限制的情形之下，充其量，我們也只能做些不具明証性的抉擇。如此的結果，只會導致哲學的失落。無怪乎，當海德格批判胡塞爾的觀點被我們用非現象學方法接受之後，充斥於今日西方思想界的，盡是哲學的終結、理性的解構。這一方面証實了胡塞爾與海德格之間思想關係的影響，另方面也昭示對此關係詮釋的偏離。解決此一困境之道，似乎唯有依賴異同並存之計，而這正是梅洛龐蒂所表彰的現象學方法意義。

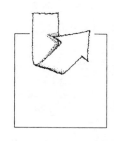

第 二 章

海德格與後現代

～其哲學轉向的再議與疏通

　　如果說胡塞爾(Husserl)與海德格(Heidegger)之間錯綜複
雜的思想關係唯有扣緊了現象學的方法才得以塵埃落定，而這
個方法學的眞諦卻只能在現象學哲學之外彰顯出來[1]，這不正
是海德格在《存有與時間》(*Being and Time*)所要詢問的問題
嗎[2]？不錯，我們可以用詮釋學循環做爲海德格對自己問題所
提供的答案。但是，在三十年代海德格哲學的轉向後，這個答
案本身業已蛻變爲另一個問題。那就是說，若基礎爲何的問題
唯有透過詮釋學循環才能揭曉的話，基礎問題所隸屬的形上學
是否仍有繼續存在的必要[3]？一般以爲這個新問題促使海德格

---

[1]除了上一章所作的論題說明，亦可參考本書第六章的論証說明。

[2]M. Heidegger, *Being and Time*, N. Y.: Harper & Row, 1962, p. 62. 本書此後
標註爲ＢＴ。

[3]E. Tugendhat, *Self-Consciousness and Self-Determination*, Cambridge:

離開現象學哲學，走向一種神秘主義的不歸路[4]；然而，他們對這種神秘主義是甚麼卻有不同的解釋。近年來，在所謂的「海德格事件」爭辯中，更造成截然不同的評價[5]。而這些不

The MIT Press, 1987, p. 187.

[4]K. Jasper, *Notizen zu Martin Heidegger*, ed. H. Saner, Muchin: Piper, 1989, pp. 68, 208-9.

[5]「海德格事件」是指V. Farias於1987年發表的*Heidegger and Nazism*在法國引發一連串尖銳的爭辯。這爭辯的主題是海德格與納粹的關係究竟是一個獨特歷史情景下的偶發事件，還是海德格哲學必然的結果？這個問題早在1945-1948法國*Les Temps modernes*雜誌造成一場論戰，K. Löwith與A. de Waelhens首先從不同的立場開起爭端，隨後有Gandillac, Towarnicki與Weil的加入。不過，這第一波的爭辯因為只就思想層面去看，不曾涉及海德格個人政治上的牽扯，而未造成更大的迴響。在*Critique*雜誌發生的第二波則不然。J. P. Faye根據新發現的史料，諸如：海德格任弗萊堡大學校長的就職演說，對海德格與納粹的實質關係提出嚴厲的批判，導致F. Fédier的駁斥，而Fédier答辯的對象還包括了對Hühnerfeld, Schneeberger與Adorno等人的質疑，一方面，使得爭論更加激烈，另一方面，與德國本土的爭論，（哈伯瑪斯與C. Lewalter，甚至包括海德格本人在*Die Zeit*日報投書的一場爭辯）匯聚蔚成風氣，也使得海德格不得不在1966年接受*Der Spiegel*的訪問，做最後的答辯。不過，比起此刻進行中的第三波，當時的論辯尚未全面化為一個哲學論題。由於海德格的最後答辯遲至1976年才公開，再加上他那避重就輕，死不認錯的答覆，不僅讓反對者不滿，就是他的支持者，諸如：Levinas, Blanchot也十分失望。所以，一旦Farias與H. Ott的 *Martin Heidegger: Unterwegs zur zeiner Biographie*相繼發表，一場空前的爭辯爆發出來，參與這場爭辯的學者不計其數，像是Bourdieu, Lyotard, Derrida, Lacou-Labarthe, Ferry與Renaut…等等。有關這方面的資料可參考L. Ferry & A. Renaut,

同的評價，使得原先單純的學術探討產生根本上的變化。此時
此刻去看待海德格的哲學，我們不可能再像以往那般無辜地討
論存有的問題。如今，我們無法逃避一個十分敏感的問題：海
德格的存有究竟是要深究哲學的終極眞理？還是要藉此表達他
做爲當代哲學「領袖」(Führer)的意圖？或者是說，斯二者蓋
皆有之6？

在這個問題下，理論與現實之間的界限就不再那麼明確
了。隨即而來，即傳統學術的客觀地位亦爲之不保。比較原先
對胡塞爾與海德格之間關係的處理，顯然，因爲非學術的因素
取代學術眞理成爲新的判準，使得他們之間關係所代表的哲學

Heidegger and Modernity, Chicago: Univ. of Chicago Press, 1990; E.
Kettering, "Heidegger and Politics: Stages of a Discussion," in G. Neske &
E. Kettering eds., *Martin Heidegger and National Socialism*, N. Y.: Paragon
House, 1990, pp. 127-32; T. Rockmore & J. Margolis eds., *The Heidegger
Case*, Philadelphia: Temple Univ. Press, 1992; T. Rockmore, *On
Heidegger's Nazism and Philosophy*, Berkeley: Univ. of California Press,
1992; R. Wolin ed., *The Heidegger Controversy: A Critical Reader*,
Cambridge: The MIT Press, 1993.

6同情海德格說法的，可見P. Aubenque, "Encore Heidegger et le nazisme," in
Le Debat, no. 48, janvier-fevrier, 1988, pp. 113-23; S. Vietta, *Heideggers
Kritik am Nationalsozialismus und an der Technik*, Tübingen: Niemeyer
Verlag, 1989. 持反對意見者，可見R. Wolin, *The Politics of Being*, N. Y.:
Columbia Univ. Press, 1990; P. Bourdieu, *The Political Ontology of Martin
Heidegger*, Oxford: Polity Press, 1991.

意義更加撲朔迷離。可是，問題在於這複雜性本來就存在著，只是以往被學術的客觀外衣所披蓋住，不爲學者的討論所重視。此刻，在完全暴露、無法遁形的情況下，我們怎麼能視而不見呢？但是，隨此衍生的問題是，如今我們又是根據甚麼樣的判準下是非對錯的判斷？甚麼是非學術的成份？它如何別於反學術？畢竟非學術的引進不是去踐踏學術，而是要提昇學術的普遍意義。

一、早期海德格論存有之眞

　　在處理上述的問題之前，我們首先要回到海德格思想本身的發展去看。在《存有與時間》裡，海德格明白地指出他是用「存有問題」(Seinfrage)跳出胡塞爾「回到物自身」的問題，來處理現象學哲學[7]。由於現象學哲學必須奠基於現象學方法，故不難理解海德格所問的存有問題爲甚麼也要從存有的意義切入。【BT，二六頁】對這個存有意義的討論即基礎存有論(Fundamental Ontology)的範圍所在。然而，這個所謂的基礎存有論並不同於形上學的存有，它的主旨乃此有(Dasein)的分析，因爲唯有它才是存有意義的顯現處。那麼，

---

[7]BT，p. 31. 海德格對現象學的處理，可參見M. Heidegger, *History of the Concept of Time*, Bloomington: Indiana Univ. Press, 1985, *The Basic Problems of Phenomenology*, Bloomington: Indiana Univ. Press, 1982.

此有分析的目的何在？原來，我們是要透過它對抗存在於自然世界中的手前存有(Vorhandenheit)，以彰顯屬於我們此有的本質結構—存在性(existentialia)。可是，使這種此有的認識成為可能的原因為何？

　　海德格在這裡提出著名的存有(Sein)與存有者(seiender)之存有論差異(Ontological difference)，那就是說，構成此有認識的可能性不是胡塞爾超越自我的時間意識流，而在此有存在性的時間界域—歷史性(Geschichtlichkeit)中；後者不是指我們經驗到的歷史連續之客觀順序，而是使我們能夠有如此經驗的客觀可能性。【ＢＴ，四一頁】那麼，我們又怎麼知道這個先於此有認識的客觀可能性呢？這就是詮釋現象學的職責所在。異於胡塞爾在還原後加以形構所嘗試的正面答覆，海德格企圖用形上學史毀壞(destruction)的消極方式，在對構成此認識的可能性做認識時，突破邏輯上所遭遇到的矛盾箝制，好讓答案自行向我們昭示[8]。此亦即詮釋學循環的意義所在。於是，在《存有與時間》之後，海德格致力於亞里士多德(Aristotle)、康德(Kant)一直到尼采(Nietzsche)等西洋哲學史上重要哲學家的思想詮釋，以開顯存有。

　　然而，眾所周知，海德格這項形上學毀壞以開顯存有的工作乃《存有與時間》中未完成的第二部份。那麼，在隨後的作

---

[8]Cf. W. Biemel, *Martin Heidegger*, London: Routledge & Kegan Paul, 1977, p. 56.

品中，像是《康德與形上學問題》(*Kant and the Problem of Metaphysics*)、《柏拉圖的眞理觀》(*Plato's Doctrine on Truth*)...等等對哲學家思想的詮釋，是否意味著海德格正逐步地執行著《存有與時間》的計畫？不盡然。原來，就在這裡出現了海德格哲學的轉向(Kehr)。當海德格在《存有與時間》中進一步思及"憑甚麼我們可以透過形上學毀壞彰顯存有？"時，眞理與存有之間便發生了問題。【ＢＴ，二五九頁】那就是說，究竟存有的開顯是基於我們知道這先於此有認識的客觀可能性，還是因爲我們之所以知道這先於此有認識的客觀可能性仍肇端於存有的開顯？按照海德格推動此有的存在分析來說，應該是前者才對。可是，他卻選擇了後者，其理由是：此有認識之眞唯有先建立在存有眞理上(Erschlossenheit)，才能再由存在分析對存有之眞的揭示(Entdeckt-sein)，展現出認識之眞的內容。【ＢＴ，二六三頁】可是，這麼一來，海德格便無法按照上述計畫用存有意義這個實際存在(ontic)的線索，彰顯其存有論(ontological)的基礎。相反的，正因爲存有與存有者的存有論差異，這種此有的存在分析所展現的認識之眞，對其存有論基礎而言，其眞實的內容可能是眞也可能是假。【ＢＴ，二六五頁】

　　爲了要解決這個窘境，海德格於是形成了〈論眞理本質〉(On the Essence of Truth)的轉向[9]。在〈論眞理本質〉中，

---

[9]M. Heidegger, "On the Essence of Truth," in *Martin Heidegger: Basic Writings*, ed. D. F. Krell, N. Y.: Harper & Row, 1977, pp. 117-41. 本文此後標

他一反基礎存有論對此有所做的事實存在分析，轉而針對這個此有認識的侷限－－那就是說，由於此有的存在分析無法就此說明其眞實內容怎麼可能是假的，因而衍生出錯誤亦同屬於眞理本質的困難結論－－追問我們是怎麼發覺此侷限。當此之際，此有的存在分析所隱含的超越性格成爲一個新的線索10。原來，當此有分析區分出其手前存有及其眞實性(authenticity)的存有論差異，並因此得以超越之際，使得此有能夠如此地超越完全憑藉著一種自由的面對。【ＥＴ，一二八頁】而它之所以能夠自由的面對，以進行存在分析，則源自於存有開顯(letting-be)的存有論眞理。只不過，對實際存在的此有而言，這種存有論眞理不像觀念論的知識論所宣稱的那般透明自覺，相反的，正因爲存有與存有者的存有論差異，這個存有論眞理對此有來說必須是隱而不彰的(concealment)，否則，對以揭示存有爲志的此有存在分析而言，這不是多此一舉嗎？【ＥＴ，一三二頁】職是之故，做爲此有認識的條件反過來變

註爲ＥＴ。

10根據Pöggeler的分析，這個從《存有與時間》到〈論眞理本質〉的轉向，一方面，是因爲"What is Metaphysics?"揭示出存在虛無的存有論本質，好讓此有藉此得以超越；再方面，"The Essence of Reasons"闡明了存有論差異的基礎轉換：一切植基於存在的基礎上，而存在的基礎又建立在存有論的基礎自身。至於這個存有論的基礎自身卻是一無所恃的無底深淵(Abgrund)。不過，對此有而言，正因爲一無所恃，它才能自由翱翔於一切存在的超越。參見O. Pöggeler, *Martin Heidegger's Path of Thinking*, N. J.: Humanities Press, 1987, pp. 72-4.

成此有認識的侷限。尤有甚者，我們不甘心於此侷限，強求存有論眞理，因而導致錯誤的發生；但正因爲如此，也才有希望經由形上學史的毀壞，開顯存有，以示存有論之眞理。【ET，一三六頁】

二、轉向於藝術本質的語言

到目前爲止的說明中，我們可以看出海德格哲學的轉向不外是由其現象學哲學的方向——亦即詮釋現象學——進行的。那就是說，固然海德格用「存有問題」取代胡塞爾的「回到物自身」，可是，他之所以會進一步地從存有意義追問到存有眞理，早已涵蓋在胡塞爾明証性(evidence)的要求之中。因此，一般現象學學者在詮釋海德格哲學前後期的轉向時，不會像阿圖瑟(Althusser)解釋馬克思(Marx)的前後期思想般，認爲這是一種斷裂[11]。

然而，就內容而言，這其中的發展畢竟是曲折而非一帆風順的。在〈論人文主義〉(On the Humanism)一文中，海德格坦承，由於基礎存有論「不曾思及存有眞理，因而不曾認識到比概念更嚴格的思維[12]。」顯然，此有認識的眞理與存有論

---

[11]Cf. L. Althusser, *For Marx*, London: Verso, 1979, p. 32-4.

[12]M. Heidegger, "On the Humanism," in *Martin Heidegger: Basic Writings*, op. cit., P. 235. 本文此後標註爲 L H。

眞理不再是同一個眞理的主客之別，而是本質上兩個不同的思
考模式。邢會是甚麼呢？海德格隨即答覆道：

> 一種存有之追憶(das Andenken an das Sein)...這種
> 思維無終亦無果。其精髓盡在於其所是。然則，其所是
> 乃由其所述示之。歷史上，唯獨所言才隸屬於所思，並
> 無處不為其所用。與其相關之實然，只因更為自由，而
> 貴於科學有效性。它讓存有彰顯之。【ＬＨ，二三六
> 頁】

　　無疑的，這種又被稱之爲本質思維(essential thinking)
的思考模式與此有藉由存在分析的認識截然不同。在深入本質
思維之前，我們不妨先由康德的《第三批判》與浪漫主義的藝
術哲學對它做類比，以摹擬出其內涵。邢就是說，在概念式的
思維下，當主客的二分經純粹理性與實踐理性分別予以窮盡之
際，統一兩者的基源便交由一種自主的藝術性直觀
(purposiveness without purpose)所揭曉[13]。不過，這個提示
仍不足以說明海德格於此所要探究的存有論問題。因爲，雖然
康德的藝術觀指的是主體面對客觀世界時的創造，但那終究是
一種主觀上一廂情願的動作，無關乎客觀明證的現實統一基
礎。

---

[13]I. Kant, *Critique of Judgement*, London: Macmillan, 1914, p. 68.

　　相形之下，海德格追求的存有眞理不容一僅藝術的態度，而是類似黑格爾(Hegel)在《美學講義》(Lectures on Aesthetics)中所示——將一切體現出來的普遍力量——之唯藝術論(Aestheticism)[14]。如此地分辨可以從《藝術作品的源起》(The Origin of the Work of Art)中，海德格論梵谷(van Gogh)所畫的「農人之鞋」予以印証[15]。簡言之，當我們看到這幅畫的時候，我 們看到的不是用來保護腳的一雙鞋，也不是鞋匠手下的產品，而是「藝術品讓我們看到鞋子在眞理中的顯現。」【ＯＡ，三五頁】於是，藝術不再只是眞理的載負者，它「就是眞理的產生與發生處。」【ＯＡ，七一頁】

　　可是，這麼一來，海德格的藝術觀究竟是存有眞理的揭曉，還是存有眞理的創造？在上面的分析中，一方面，海德格要比康德更強調藝術對存有眞理的揭露，而非暗渡陳倉的存有眞理之創造，另一方面，他又和黑格爾連成一氣，暗示藝術對存有眞理創造之功，已非單純的存有眞理之揭曉。這是怎麼回事？

　　原來，就在他用藝術品開顯世界的同時，爲了要區分藝術創作與做爲創作對象的現實界之別，海德格認爲，藝術品本身

---

[14]G. W. F. Hegel, *Aesthetics*, vol. I, Oxford: Clarendon Press, 1975, pp. 7-15.

[15]M. Heidegger, "The Origin of the Work of Art," in *Poetry, Language, Thought*, ed. J. Glenn Gray, N. Y.: Harper & Row, 1975. 本文此後標註爲 ＯＡ。

業已形構(setting up)出另一片天地(earth)。【ＯＡ，四四～
四六頁】在這個新天地裡，藝術頓時肩負起彰顯存有眞理的全
部責任，包括眞理的創造在內。這使得原先存在分析中此有與
其存有論基礎之間的因果關係爲之斷裂，而讓一種全然隸屬於
存有的本質思維脫穎而出。這也就是海德格主義者所津津樂道
的晚期海德格思想[16]。

　　爲甚麼會有這樣的斷裂呢？原來，當海德格用藝術去彰顯
存有的眞理時，做爲藝術本質的語言，【ＯＡ，七四頁】以其
存有發生論(ontogentic)的方式，進一步地取代只是爲形上學
做準備的康德式藝術觀。因爲，一方面，語言隱蔽
(Geheimnis)的本質有效地解決了存有論眞理對此有的隱而不
彰所造成的困難；另一方面，在這個藝術引進的新天地之中，
這種代表本質思維的語言也不同於先前此有的認識；後者必須
透過存有意義之助才得進行，前者則是自行訴說(let language
itself speak)。於是，先前無法被証成的存有論基礎此刻反而
能夠從無底深淵中油然而生。

　　如此一來，我們不會因爲語言隱蔽的本質感到氣餒或怯
止，相反的，誠如〈語言〉(Language)一文所指：「我們若
是掉在語言所述的深淵中，我們不是跌進一片虛空，而是向上
發展，發展到極致。其崇高開顯了深沈。兩者間的尺距正是我

---

[16]Cf. J. Sallis, "Meaning adrift," in *Martin Heidegger: Critical Assessments*,
vol. III, ed. C. Macann, London: Routledge, 1992, pp. 212-21.

們想要熟悉的領域，以便為人們的生活覓及一處居所，一塊安
心立命的空間[17]。」

　　誠然，語言的隱蔽性是不可抗拒的，它不僅抗拒我們對它
的認識，也同時抗拒著對它自己的說明[18]。然而，我們確實是
由此體會到此有實際上如何在存在的認識中自由地去面對。畢
竟，我們總是在找尋一條出路，不論這條路將來會不會被判定
為一條死巷子，而此舉亦正是唯一讓我們走向存有的途徑
(Holzweg)。一般以為就是這種論調促使海德格走向神秘主義
的不歸路。在《形上學導論》(An Introduction to
Metaphysics)中，他也的確因此把哲學界定為：

　　　一種突破各種途徑的思維，它揭露各種去設定規範與制
　　度的知識觀點，各種被人們在歷史上與文化上用來充實
　　自己的知識觀點，它於是啟發並迫使所有的探究，以致
　　顛覆了一切價值的知識[19]。

---

[17]M. Heidegger, "Language," in *Poetry, Language, Thought*, op. cit.,
p. 191-2. 原文第二句指的是「向上掉，掉到極致。」然而，顧及如此直譯，有語
焉不詳之嫌，故由其引申義——發生、發出——譯之。

[18]Cf. M. Heidegger, "A Dialogue on Language," in *On the Way to
Language*, N. Y.: Harper & Row, pp. 50-1.

[19]M. Heidegger, *An Introduction to Metaphysics*, New Heaven: Yale Univ.
Press, 1959, p. 10. 本書此後標註為 I M。

三、「海德格事件」

　　然而，這樣對哲學所作的定義又怎麼會引發「海德格事件」的爭論？原來，當該書的結尾返回到哲學的現狀時，海德格提到：「流傳於今日的各種有關國家社會主義之哲學，和這個運動的內在眞理及偉大絲毫無關」。【ＩＭ，一九九頁】由於他在同一本書的前後，分別將哲學的最終目的與納粹連在一起，引起普遍的不安與關切。首先發難的是哈伯瑪斯。在對這本書的書評中，他質問海德格這句話是甚麼意思？爲甚麼戰後的德國思想界還不能對納粹帶來的災難痛定思痛呢[20]？

　　顯然，當存有的問題落在現實界裡，語言的隱蔽性不能免疫於周遭生活世界當下的決斷(Entschlossenheit)。這個理論與實踐的關係，隨著海德格於一九三三納粹掌權後不久就職弗萊堡大學校長的講稿(The Self-Assertion of the German University)如今幾經學者的仔細推敲[21]，再也不那麼乾淨俐落了。不錯，在海德格本人的答辯中——〈實情與想法〉(The Rectorate 1933/34: Facts and Thoughts)——他一再強調這

---

[20]J. Habermas, "Martin Heidegger: On the Publication of the Lectures of 1935," in R. Wolin, *The Heidegger Controversy*, op. cit., pp. 190-7.

[21]M. Heidegger, "The Self-Assertion of the German University," in *ibid.*, pp. 29-39.

是個學術的問題[22]。可是，兩相對照之下，〈就職演講〉著重
於「全民」(Volk)意志以實現科學的本質[23]，而〈實情與想
法〉只是就大學的高深學術研究之職責杜絕科技文明虛無主義
的侵蝕。無疑的，前者是一種柏拉圖式的哲學王領導改革與開
創，後者則回歸於蛋頭學者的沉潛與對真理本質之執著。兩者
之距不可同日而語，難怪讓人覺得海德格於此避重就輕，只是
一味為自己開脫[24]。然而，不容忽視的是當此之際亦正是海德
格哲學轉向的時刻。若考慮到這個因素再做比較的話，不難發
覺〈就職演講〉只是延續《存有與時間》中基礎存有論為存有
做預備的方向，〈實情與想法〉則已經由賀德林(Höderlin)

---

[22]M. Heidegger, "The Rectorate 1933/34: Facts and Thoughts," in G. Neske
& E. Kettering, eds., *Martin Heidegger and National Socialism*, N. Y.:
Paragon House, 1990, pp. 15-32.

[23]所謂「全民」(Volk)，Mosse有如下的說明：「...對十八世紀末德國浪漫主義誕
生之後的德國思想家來說，『全民』意味著群眾與超越『本質』的結合。這個『本
質』可以說是『本性』或『宇宙秩序』或『共同信念』，它無時無刻不在人的內心
深處之中，代表著其創造性的本然，其情感的深處，其個別性，以及與全民其它成
員的共同體。」G. Mosse, *The Crisis of German Ideology: Intellectual Origins
of the Third Reich*, N. Y.: Grosset & Dunlap, 1964, p. 4.

[24]按柏拉圖哲學王的界定，真理本質只有在實踐中彰顯，未曾實現的真理本質仍處
於觀念界之下的現實影子。職是之故，海德格的解釋若不是不能忠於自己的理念，
就是其理念有問題。不論何者，都是無法自圓其說的錯誤。參見K. Löwith, "The
Political Implications of Heidegger's Existentialism," in R. Wolin, ed., *The
Heidegger's Controversy: A Critical Reader*, pp. 168-45. 就是這篇文章開啟了
法國學界對海德格與納粹關係持久熱烈的爭論，見註5。

與尼采的課程講稿中透露出本質思維的轉向[25]。於是，這之間的差異是不可避免的。不明於此，草率地判定海德格的不誠實是不公允的。

那麼，這個差異為何？為甚麼本質思維與存在分析的斷裂對此有舉足輕重的影響？除了《存有與時間》所提供的形上學史毀壞這條線索之外，此刻的差異顯示著另一種可能。原來，在〈就職演講〉中，海德格就已經用尼采的「上帝之死」昭示現實的困境[26]，只不過這個困境的內涵在當時被激進的存有彰顯掩蓋住。到了〈實情與想法〉時，他捨棄了這個虛幻的存有彰顯，轉而從科技宰制的議題去闡明現實的困境。那就是說，就海德格此刻所關心的存有問題而言，先前此有的存在分析不應只是針對當下的處境，更要包括現實的形上之所以然。這麼一來，〈實情與想法〉的答辯，其意不僅要和基礎存有論的做法一般，揚棄手前存有以便認識存有，就是這層覺悟也一併要

---

[25]就海德格教授賀德林的課程而言，比較一九三五年冬季與一九四二年夏季的講稿，可以看出海德格從生活的政治化到政治藝術化的轉向，前者可見M. Heidegger, *Höderlins Hymnen "Germanien" and "Der Rhein"*, ed. S. Ziegler, *Gesamtausgabe*, 39, Frankfurt: Klostermann, 1980. 後者可見M. Heidegger, *Höderlins Hymne "Der Ister"*, ed. W. Biemel, *Gesamtausgabe*, 53, 1984. 就教授尼采的課程而言，先前對柏拉圖主義的批判不像後來的批判那般徹底，不帶有形上學的包袱，參見M. Heidegger, *Nietzsche*, vol. I, *The Will to Power as Art*, vol. IV, *Nihilism*, N. Y.: Harper & Row, 1979, 1982.

[26]M. Heidegger, "The Self-Assertion of the German University," op. cit., p. 35.

唾棄。因爲我們唯有透過科技宰制的現實問題，才能察覺出後
者原來仍籠罩在傳統形上學的陰影之下。換言之，海德格不是
素樸地看待理論與實踐之間的關係，而是藉由否定之否定的迂
迴方式來答辯自己和納粹的關係。由此觀之，我們甚至可以
說，不是海德格誤會了納粹，而是納粹背離了他們的理想[27]。
無怪乎一般單單從歷史文獻上做考據是無法令哲學家信服的，
因爲這已經涉及到一個哲學定位的根本問題。

四、批判現代科技的晚期海德格

那麼，這個哲學的新定位是甚麼？瓦提摩(Vattimo)認爲
那就是後現代[28]。這個意見在海德格全集最近才出版的《哲學
論集》(*Beiträge zur Philosophie*)得到証實[29]。在這本書
裡，不僅晚期海德格哲學全力對科技文明的批判有個出處，也
同時爲海德格哲學早晚期的轉向提供一個起承轉合的依據。嚴
格地說，在二十世紀的眾多哲學系統中，不乏對科技文明的批

---

[27]Cf. O. Pöggeler, "Heidegger's Political Self-Understanding, " in R. Wolin, ed., *The Heidegger Controversy: A Critical Reader*, op. cit., pp. 200-44. T. Rockmore, *On Heidegger's Nazism and Philosophy*, op. cit., p. 94.

[28]G. Vattimo, *The End of Modernity*, Oxford: Polity Press, 1988, p. 11.

[29]M. Heidegger, *Beiträge zur Philosophie(Vom Ereigins)*, ed. F.-W. von Hermann, Frankfurt a. M.: Vittorio Klostermann, 1989, *Gesamtausgabe*, 65. 本書此後標註爲ＢＰ。

判，但是，他們多半是就韋伯(Weber)所區別的目的理性與工具理性來立論，不是認爲工具理性才能實現目的理性的追求，就是主張如此的工具理性造成了異化的情景[30]。然而，對海德格來說，如此去批判仍離不開理性主體的預設，以致這種以遺忘存有的方式批判科技非但不能正本清源，反而變成了助長科技宰制的幫凶，納粹就是一個典型的例子。因此，若眞要像韋伯般去「解除魔咒」的話，我們必須深入到科技的本質，認清它不外是傳統形上學的現代版[31]。這才是海德格擔任弗萊堡大學校長的主要理由，不是一般指責的識時務之投機行爲，也不是理想主義的激情冒進。

那麼，海德格認爲的科技本質是甚麼呢？在雲格(Jünger)的影響下，海德格從文化層面去解釋[32]。這種進入方式，一方面，符合其早年存在分析中手前存有與及手存有(Zuhandenheit)的區分，另一方面，也能印証他在〈就職演講〉的中心思想。簡言之，科技的本質在於希臘悲劇中所表達的Technè[33]。那是一種存有眞理的展現。希臘人透過技藝將這

---

[30]最有名的例子，亦即M. Horkheimer & T. W. Adorno, *Dialectic of Enlightenment*, N.Y.: Continuum, 1972.

[31]若除去這個觀點，海德格對科技的批判離不開十九世紀末與二十世紀初發生在德國的Streit um die Technik, 參見J. Herf, *Reactionary Modernism: Technology, Culture, and Politics in Weimar*, Cambridge: Cambridge Univ. Press, 1984.

[32]Cf. M. Zimmerman, *Heidegger Confrontation with Modernity*, Bloomington: Indiana Univ. Press, 1990.

[33] I M, p. 159.

種存有眞理的展現揭示出來。然而，就在這眞理自身的顯現與
我們對這顯現眞理的展示——Epistémè——出現一種差異。
早先論柏拉圖時，海德格就發覺到其眞理觀在等同存有與存有
者之際，忽略了這個差異，代表一種存有的遺忘。可是，當晚
期海德格繼續追問“這個差異的覺悟，其根據何在？”以化解
現代的科技文明所帶來的虛無主義時，就出現下列的問題：爲
甚麼有此覺悟就代表對所覺悟對象之超越？這之間有何必然的
關聯？並且這關聯的根據又爲何？這些問題才表現出他和納粹
藕斷絲連的關係處[34]。那就是說，本質思維如何去面對，包括
存在分析在內的現代科技文明？

　　海德格在《關於科技的問題》(*The Question
Concerning Technology*)中，是就科技帶來的現實困境重新
檢討科技的本質[35]。不錯，原先科技的本質就是用來當做一種
展示出眞理顯現的工具。可是，就在他用當下顯現(An-Wesen)
的方式說明科技展示的本質(Wesen)時，【ＱＴ，九頁】科技
的本質搖身一變成爲目的。也就是說，科技之所以能夠被人發
明用來增進人類的福祉，原本就因爲它是存有自身的表達，
【ＱＴ，十二頁】不是像韋伯在解釋現代社會時所言：工具理

---

[34]M. Heidegger, "'Only a God Can Save Us': Der Spiegel's Interview with
Martin Heidegger," in R. Wolin ed., *The Heidegger Controversy: A Critical
Reader*, op. cit., pp. 92-116.
[35]M. Heidegger, *The Question Concerning Technology*, N. Y.: Harper &
Row, 1977. 本文此後標註爲ＱＴ。

性變成目的理性。換言之，由現代科技認定的知識，其所表現出來的存有真理，實際上，早就由存有真理決定了。若不明於此，一如現代科技般，在實現這個被存有自身早已決定的表現時，會不自覺地視之為人類理性的作為，以致毫無節制地掠奪自然的資源，形成生態上的失衡。【ＱＴ，十五頁】所以海德格說，現代科技的本質其實是一種造業(Gestell)。【ＱＴ，二十頁】這個造業不僅解釋了為甚麼現代科技會失真，產生環保的問題，也同時由於如此揭曉的方式指明一條出路。那就是說，人仍然能反樸歸真，只要他對此科技文明所造成的災難不是以一種言聽計從的方式(ein Höriger)，而是一種順其自然(ein Hörender)方式做自由抉擇。【ＱＴ，二五頁】在這種對科技文明的解讀之下，科技的本質就不會受到其傳統普遍性質之限，反而成為一種開顯的途徑：「無有不成立，一切成立的首創之初皆來自於無之有。(Nur das Gewährte währt. Das aufänglich aus der Frühe Währende ist das Gewährende.)」【ＱＴ，三一頁】

　　這麼說來，代表形上學的目的理性是救不了沉淪中的現代文明，無怪乎晚期海德格積極地要用超越(Verwindung)形上學的手段去對付[36]。然而，這個從存有者的超越到存有的超越是如何發生的？事實上，唯有經由這個從存有者到存有的變遷，《形上學導論》所引發的爭議才得以紓解。因為它將証實

---

[36]M. Heidegger, "Overcoming Metaphysics," in *The End of Philosophy*, N. Y.: Harper & Row, 1973, pp. 84-110.

海德格在〈實情與想法〉中所言：〈就職演講〉所醉心的全民意志不是指實然界中盲從的集體行為，而是使一種整體意識成為可能的存有之所以然。如此存有所以然的揭曉固然充斥於海德格思想歷程得各個階段，但是和他短暫的政治生涯有直接關係的，且促成其哲學的轉向，莫過於《哲學論集》處理的主題：事情發用(ereignis)。所謂的事情發用，一方面，吻合《藝術作品的源起》所述「真理的產生與發生處」，指的是脫離形上學，改變為一種對存有所做的歷史性思維。【ＢＰ，七七頁】原來，經由現代科技文明的批判導致他的自我反省，海德格現在才了解到：吾人之所以能夠對存有做歷史性的思維不是由主體的形上反思所啓迪的，而是由時間中歷史事件所引發的一種聆聽存有、發人深省的聲音。【ＢＰ，三頁】於是，就存有的真理而言，對存有的歷史性思維不再是指，此有的存在分析根據詮釋學循環，落實於形上學史毀壞的解讀中，而是一種現時(presencing)中視存有為現在(presence)的思維。

這麼一來，先前基礎存有論對此有分析所遭遇到的種種困境為之消解，取而代之，則是當下的領悟與預期的決斷。【ＢＰ，三五頁】如此在論理上神秘色彩濃厚的事情發用，另一方面，卻在實踐上清澈透明。那就是說，當近代知識論體系所闡明的存有真理與其根基所在的形上學最後相匯之際，相反於觀念論所持之清淨自明的概念知識，海德格認為，愈是清楚明晰的知識論，愈是由幽暗晦澀的形上學所致。【ＢＰ，七六頁】於是，此有之志不應也不能解答存有的問題，而只是去喚醒與

擴展追問存有的能力。職是之故，存有眞理的彰顯亦不在於如實地對眞理做陳述，而是眞實地去反映其歷史性無垠深沉的一面。【ＢＰ，九三頁】總之，由於如此的發現來自於存有本質顯現(Wesung)之本質思維的洞見，對其眞理揭曉的工作自然落在本質思維的實踐層面，不論這實踐層面指的是藝術的昇華，還是現代科技文明的批判[37]。

五、德里達解構的內在顛覆

顯然，經由海德格與納粹的關係再議其哲學的轉向，透露出一種迥然不同於其現象學哲學的異質同形問題。這也就是爲甚麼，在眾多「海德格事件」的評論中，後現代主義者甘冒不諱替海德格辯護。比較正統海德格主義者的立論點——海德格的思想和他這個人須劃分開來——他們的說詞就格外引人注目了[38]。一方面，他們指責那些對海德格的批判是不懂得海德格哲學，另一方面，卻又反對海德格主義者將其思想予以絕對

[37]Cf. R. Schürmann, *Heidegger on Being and Acting*, Bloomington: Indiana Univ. Press, 1987.

[38]所謂海德格主義者是指以J. Beaufret爲首以解經的方式看待海德格思想，德里達則是以解構的方式處理之，兩者之別參見J. Derrida, "Heidegger's Silence," in G. Neske & E. Kettering eds., *Martin Heidegger and National Socialism*, op. cit., pp. 145-7; L. Ferry & A. Renaut, *Heidegger and Modernity*, Chicago: Univ. of Chicago Press, 1990, pp. 31-54.

化。

　　乍看之下，這裡有個內在矛盾：除非自己對這種思想的理解是正確無誤的，否則何以指責別人對此思想的批判是誤解？可是，這樣的話，又怎麼去批評海德格主義將海德格思想的絕對化呢？然而，就是這種論理上明顯的二律背反，非但不曾削減他們的說服力，反而變成他們出奇致勝的理據。德里達(Derrida)以海德格來解構海德格便是當前膾炙人口的一個典範。在《攸關精神》(*Of Spirit*)一書中，他獨出心裁地用Geist在文法上的兩種變型——geistig與geistlich的區分——說明這個從存有者到存有極其晦澀的變遷過程[39]。

　　首先，德里達用加上標記的「精神」與不用標記的精神，做為他解構的線索。在〈就職演講〉以前，他注意到海德格很少使用「精神」一詞，即使是用到也多半加上標記。在〈就職演講〉裡，忽然之間「精神」一詞變成主題。之後，在《形上學導論》中，精神一詞的標記則被刪掉。這裡頭暗藏著甚麼樣的玄機呢？

　　德里達以此追溯海德格心路歷程。他發現到，在《存有與時間》中，海德格的存有問題只是就問題(Befragte der Seinfrage)來確立此有存在分析的合法出發點。【S，十七頁】這種做法固然滿足了存有真理的要求，可是，其中隱含的

---

[39]J. Derrida, *Of Spirit*, Chicago: Univ. of Chicago Press, 1989, p. 14-5. 本書此後標註為 S。

超越哲學預設不就是他反對胡塞爾的立論所在嗎？爲了解決這個困難，德里達指出，海德格於是用「精神」一詞表示未經存有論說明的此有特徵。但也正因爲這個緣故，我們無法積極有效地說明這個特徵。不過，即便如此，亦不足以代表它是不能說的。海德格的形上學毀壞便從相對於此有之手前存有中，由它對存有的漠視做爲解答的線索。

　　經由德里達對這條線索的抽絲剝繭中我們看到這種漠視不再是一種無關痛癢的不相干(gleichgültig)，相反的，此有正因爲對存有如同手前存有般地加以漠視，而會失眞爲實體或主體。【Ｓ，二十頁】換言之，使此有會遺忘存有而變成手前存有的原因，不是因爲此有不是存有，反而是此有的積極面。

　　這麼一來，由於手前存有之假不是相對於此有之眞，而是此有之眞未及存有之眞，故做爲此有存在分析的存有論基礎就不必外求而獲得保障。於是，德里達認爲，海德格爲「精神」加上標記之意，不只是就其非物理性的存有而言，同時也要顯示存有論對此差異之領悟與決定。【Ｓ，二七頁】對照海德格晚期思想，德里達更進一步地將此刻精神衍生的歧義解析爲：加上記號的代表著柏拉圖或基督教形上觀的Geistigkeit，刪除記號則是掙脫了此形上觀的Geistlichkeit。【Ｓ，三三頁】

　　到了〈就職演講〉強調大學自主精神時，一如先前，海德格將「精神」一詞加上記號，它同時是指精神的理念與精神的力量，好讓我們透過精神力量來實現精神的理念。但是，就在這時候，德里達發現到海德格開始意識到這股力量會倒過頭來

反對精神，成為一種邪惡的化身，納粹便是如此。因為，若精
神的理念有待精神的力量實現的話，精神自身也可能被它自己
力量所凝聚出的幽靈糾纏著。【Ｓ，四十頁】德里達進一步地
指出海德格在《形上學導論》所表現出來的激情－－「為甚麼
會是有而不是沒有？」【ＩＭ，一頁】－－便是著魔於此精神
的幽靈而無法自拔。無疑的，當自主的精神因此指導著“有或
沒有”的存有問題，而不是倒過來看時，德國人民也唯有靠著
精神力量才能擺脫蘇俄與美國代表的精神墮落所帶來的危害。
【ＩＭ，三七頁】

　　這顯然和一般對海德格與納粹關係的批判大相逕庭。一般
認為這就是海德格失足之處，而德里達卻視之為其自新之源
起。德里達之所以有如此的理解，在此我們要特別注意到，不
是針對海德格理論上的解釋，而是就實踐上的所以然而來的，
故他所要表達的不是對海德格做消極性的批判，而是用海德格
的思路(unthought)去解構海德格的文本。也就是說，他根據
晚期海德格在《存有問題》(*The Question of Being*)一書中
運用刪除符號的手法[40]，指出精神力量之將世界予以精神化未
必一定是封閉的、宰制的，它更可以當做一種標示存有與存有
者之間差異的策略。做為一種策略，於是，它本身不能看做為
目的，而是藉此彰顯或喚醒存有者所遺忘的存有。【Ｓ，五四
～六頁】

---

[40]M. Heidegger, *The Question of Being*, N. Y.: Twayne Co., 1958.

　　這種神奇的手法又是怎麼來的？對這個問題的答覆，德里達繼續用另外的一個問題去解構，那就是說，存有爲甚麼會被遺忘？海德格原本答覆爲精神的匱乏。可是，對海德格的答覆之所以不歸咎於科技文明，反而認爲科技文明受制於精神的惡，德里達洞悉其弦外之音，原來，海德格是要藉由「精神」標記的刪除，特別是透過刪除的動作，先將精神喚醒，再由此逼顯出精神力作祟所造成的精神匱乏之因素。【Ｓ，六六頁】這於是產生一箭雙鵰的效果，一方面，精神力之內在於精神理念符合認知理解上一致性的要求，另一方面，精神理念的先在性確保了精神力之造成精神匱乏的形上解釋。然而，"精神到底是甚麼？"也因此隨著這個刪除的動作轉向語言去開顯：「精神唯有透過語言來命名自己。」【Ｓ，七一頁】只是在一九三五年的這個階段之中，德里達認爲海德格尚未完全體會到這層意義，仍舊執迷於德意志的精神性。不過，我們也可以因此把它看做爲精神的惡之最佳寫照。

　　大體而言，德里達在這裡解讀海德格的複雜程序可以簡示爲：不錯，從海德格早期思想去看，他和納粹之間是脫離不了干係，可是，我們也不能因此等同兩者，視之爲古典浪漫主義的復辟[41]。相反的，唯有透過海德格自己對納粹的批判，或是刪除「精神」標記，才能一勞永逸地從形上觀的夢魘中覺醒過來，朝向開顯語言的思維。這也就是精神(Geistlichkeit)的眞

---

[41]Megill就是如此看待，A. Megill, *Prophets of Extremity*, Berkeley: Univ. of California Press, 1985, p. 115.

諦所在。

　　經上述德里達這種迂迴策略的運用，証明了海德格確實是由本身思想層面的考量造成他和納粹的決裂。原來，當"刪除記號的精神為何？"繼續被追問時，海德格早期所憑藉的形上學史毀壞已不足以提供一內在於歷史性的依據。因為，用來說明此依據的存有論差異如今業已不存在，相反的，由於一切的存有者都在本質思維的存有領域中傳遞(sendung)出存有的訊息，傳統隸屬於存有者的精神統合力無論如何是無力於精神崇高的理念，所以會有惡的形成。【Ｓ，八〇頁】也就在這裡，德里達察覺海德格此刻精神一詞(geistig)不再代表傳統形上觀的意義，而是傳達未來的降臨(the coming of future)。本質的思維就是要回顧到這個未來的降臨。並且，在這回顧之中，讓精神建立起歷史性來。【Ｓ，七八頁】

　　那麼，甚麼是未來的降臨？它怎麼使精神成為內在歷史的依據？由於精神記號的刪除是朝向語言去開顯，海德格於是用賀德林詩的比喻答覆之。精神就像火花，它將自己燃燒為灰燼(Spirit in-flames)。誠然，歷經上述德里達的解構，我們可以了解到海德格之所以如此去展現精神其實就是一種傳統形上觀的毀壞與消解；它導致精神自身中理念與力量的週而復始，一來一往糾纏著。但是，它最後也只有在詩人的靈魂中得以安息。為甚麼呢？海德格晚期則透過詩人拓拉克(Trakl)的討論

來解這謎樣的答案[42]。在那裡，德里達發現海德格不只是討論拓拉克的詩，也不只是與他對話，而是透過拓拉克的詩，一同參與對傳統形上學的超越，一種由超越(franshissement)帶來的解放(affranchissement)。【S，八六頁】

這是甚麼意思？難道我們不會在排除傳統的形上觀之後，重蹈精神統合力的覆轍嗎？這也就是精神為火花之喻的意義所在。做為一個比喻，它只能在海德格所謂的中途過程(Unterwegs)或德里達的解構中表現出來。那就是說，做為火花的精神，它同是火花的源頭與盡頭。【S，八四頁】一旦它被我們發覺到，就像精神的匱乏，火燄也隨著燃燒走入盡頭。可是，就火花而言，這個盡頭卻是個源頭。因為，我們看到火燄的燃燒，只是就當下的視覺效果而言，那是個在客觀時間裡的展示。在這之前，必須有個燃燒的源頭才會有如此的效果，一個更原初的時間歷史。傳統形上觀企圖由此去說明火花是如何燃燒的。實際上，我們對此是一無所悉，只知道精神自身的週而復始是因此開展的。唯獨這一層的了悟，我們才能不見火花的燃燒卻又看到火燄燃燒到灰燼，所以，當海德格用傾聽存有的呼喚來表示精神所傳達的未來之降臨，德里達卻用比先前更早(plus tôt)的解構策略(plutôt)，積極地予以彰顯。【S，九一，一〇四頁】它不同於傳統形上學的精神統合，既不是指時間的開始，也不是因果律的最初，而就是《哲學論集》中所

---

[42]M. Heidegger, "Language in the Poem," in *On the Way to Language*, op. cit., pp. 159-98.

指的一切發生之事情發用[43]。

六、後現代的哲學議題

對照海德格在〈論人文主義〉中的論斷來看，不難得出德里達用海德格解構海德格的方式，不外是爲海德格的存有追憶所樹立新起點做解釋。可是，也由於上述的解構策略是貼緊了海德格的心路歷程去進行的，這個新起點的內容反而若隱若現。因此，我們必須再由其弟子拉古賴巴德 (Lacoue-Labarthe)之《政治的編造》(*La fiction du politique*)以彌補其未盡之意[44]。異於其師，拉古賴巴德放手直接從政治層面切入海德格的哲學。但由於他同樣是用解構的手法去處理海德格事件，這麼一來，對海德格哲學的處理就無法再規避於不能被檢証的神秘思想中，而須赤裸裸地由其實際的行徑去理解。就此而言，拉古賴巴德的任務要比德里達更加艱巨，在沒有一個可刪除記號依循的情況下，一方面，他要說明爲甚麼海德格會有如此的轉變，另一方面，這個說明卻又不能離開實際發生的現實面。如此的弔詭充分反映出海德格所謂事情發用的詭異多端。那就是說，如果這個在理論上難以交待清楚的概念，它

---

[43]Cf. S, Ch.IX, no. 5, pp. 129-36.

[44]P. Lacou-Labarthe, *Heidegger, Art and Politics*, Oxford: Basil Blackwell, 1990. 本書原法文的書名更能表彰其意，故保留其本名。本書此後標註爲ＦＰ。

在實踐上卻是清淨自明的話，那麼，它是在甚麼地方中透明顯現的呢？

　　拉古賴巴德於是借由班傑明(Benjamin)與布列希特「政治藝術化」[45]，指出它就在以藝術為本質的政治策略之中。【ＦＰ，六四頁】在這裡，政治相反一般掌管眾人事務的原始意涵，而是用來揭示實情(physis)的謀略(technè)[46]。就此而言，它吻合了海德格批判科技文明的議題，因為這種政治策略的目的顯然是企圖內在地形成一共同體(Gemeinschaft)。但同樣的，一如先前海德格對科技文明宰制的批判，它也可能昧於現實，形成意想不到的危害。【ＦＰ，七十頁】職是之故，這種政治策略的是非對錯不能像馬克思主義的實踐有個意識型態的根據，而完全是由其藝術本質來主導。拉古賴巴德認為海德格與納粹分分合合的關係盡在於斯，並非一般所謂哲學家從理論走向現實必然遭遇的坎坷境地。【ＦＰ，七七頁】

　　那麼，這個獨樹一格的政治策略是甚麼？它在海德格事件中扮演甚麼樣的角色？我們如何從海德格的哲學中說明它？拉古賴巴德認為這種以藝術為本質的政治策略，來自於德國傳統在摹擬(imitatio)古典的現代化過程中自生自創的[47]；即，摹擬對象時，若要唯妙唯肖，就必須忘掉它在摹擬，而就在這忘

---

[45]參見本書第五章，第五節。

[46]希臘文Physis原指自然之現實，不過，針對此地的後現代情景，故更改為實情譯之；同樣的，希臘文Technè原指形造之知，亦改為謀略，以便相互呼應之。

[47]參見本書第四章，第二節。

情之中，摹擬自身(mimèsis)反而成爲典範。【ＦＰ，七九頁】隨著摹擬自身取代了所摹擬的對象做爲典範，產生了一種主客易位的弔詭。那就是說，摹擬的逼眞與否不在於摹擬是否符應於摹擬的範本，而在範本的被摹擬之中。這麼一來，才形成所謂的摹擬主體，儘管摹擬的本義就是不做此主體的預設。換言之，主體之爲實體是引伸出來的，摹擬的過程才是首創的。在這個意義下，主體其實即一種非主體的撕裂(dehiscence)狀態。於是，一切爲己的政治活動可以說是編造出來的【ＦＰ，八一～三頁】

拉古賴巴德認爲海德格之所以批判現代科技，其意盡在於此：其神秘色彩不在逃避一無法解答的問題，而是摹擬一可能解答的情景，此情景因尚未解答，而處於一混沌不清的局面；但我們業已由神秘語言的透露窺伺其奧妙。乍看之下，這樣的一個政治編造只是一種憤世嫉俗之論，其實不然。在現實裡，納粹的種族主義就是因此營運而生的。然而，它之所以會如此鮮明不只是因爲它違背了道德常規，更因爲其形上道理的侷限。這個形上侷限不是自明的，故拉古賴巴德反對一般就海德格事件將它比賦爲海德格的立場，相反的，後者唯有透過前者才得以合理的疏通。【ＦＰ，九四頁】所以他才會有「納粹即一種人文主義」的驚人之語。這並非意味著法西斯主義不是政治謀略下的悲情產物，而是深層地去看待這個摹擬意義下的政治策略，才能有如此斷言，且不失其現實意義[48]。正因缺乏這

---

[48]Cf. M. Zimmerman, "Ontological Aestheticism: Heidegger, Jünger, and

層考慮，納粹才會肆無忌憚地以人文主義之名，行法西斯主義之實。故他特別用Thucydides在Pericles〈祭悼文〉中的一句話：「吾愛美之樸，卻好知之堅」，以彰顯海德格這種以藝術為本質的政治策略。【ＦＰ，九八頁】

　　拉古賴巴德這樣的補充有何特別指意？李歐塔(Lyotard)的《海德格與猶太人》(*Heidegger and "the Jews"*)將其後現代性格充分表露出來[49]。李歐塔藉由海德格對納粹屠殺猶太人事件的緘默，一舉昭示德里達的解構與拉古賴巴德的政治編造，其核心所在的－－對忘情之沒齒難忘－－後現代議題。原來，在後現代的眼裡，海德格哲學的價值不在於存有問題，而是追憶那被存有者的顯現所遺忘的(Forgotten)。【ＨＪ，四頁】換言之，他們要捕捉的不是存有與存有者之別，而是對遺忘的追憶。在沒有存有與存有者區隔的情況下，對遺忘的追憶亦即除去對忘情的記憶，因為後者才是真正導致遺忘的發生。【ＨＪ，十頁】李歐塔於是用佛洛伊德(Freud)的潛意識影響(unconscious affect)來解釋這種不具表象形構作用的潛意識，或者說，「一個未曾逝去，始終縈繞在這裡的過去」。

National Socialism," in T. Rockmore & J. Margolis eds., *The Heidegger Case*, op. cit., pp. 52-89.

[49] J.-F. Lyotard, *Heidegger and "the Jews"*, Minneapolis: Univ. of Minnesota Press, 1990, p. 71. 本書此後標註為ＨＪ。李歐塔與後現代的關係，參見本書第三章，第五、六節。

【ＨＪ，十一～二頁】它就像超高頻率的音波般，存在著卻又無法被我們察覺。就它自身而言，是不受任何形式的束縛，對我們而言，深受其影響卻不知所終。故我們才會知其然而不知其所以然。【ＨＪ，十六頁】

　　如此對海德格事情發用的詮釋並不因此隨同海德格墮入神秘主義的陷阱而無法自拔，相反的，李歐塔隨即用性別歧視或猶太人被折磨的遭遇等等難以理解又實際發生的情景，逼顯其無法述說的意涵。這也就是後現代的張力所在，強言這現實所透露種種無可奈何的弔詭。【ＨＪ，二六頁】我們因此不會因為沒有合理的答覆將此情景虛無化，反而會加深對這個問題的關懷。也唯獨如此海德格的緘默才能被理解。

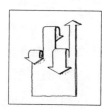

第 三 章
現代與後現代爭論的釐清
～李歐塔與哈伯瑪斯爭論的基源分析

一九七九年李歐塔(Lyotard)應加拿大魁北克政府之邀，針對高度發展社會之研究，發表了《後現代情景：知識報告》(*La Condition postmoderne: rapport sur le savoir*)[1]，哈伯瑪斯(Habermas)在一九八〇年接受法蘭克福市頒贈阿多諾獎時，則以〈現代性－－一種未竟之志〉(Die Moderne－－ein unvollendetes Projekt)為題講演，給予消極的回應[2]；隨後，他們之間一連串有意無意的論辯，與不同立場學者的紛紛參與，造成所謂的「現代與後現代的爭論」[3]。這個爭論在八

[1] Jean-François Lyotard, *The Postmodern Conition: A Report on Knowledge*, Minneapolis: Univ. of Minnesota Press, 1984. 本文此後標註為ＰＣ。

[2] Jürgen Habermas, "Modernity versus Postmodernity," *New German Critique*, 22, 1981, pp. 3-14. 本文此後標註為ＭｖＰ。

[3] 在李歐塔與哈伯瑪斯分別就後現代與現代性各抒己見之後，羅蒂(R. Rorty)對此一

十、九十年代中，充斥於西方學術領域的各個角落，諸如：文
學、藝術、政治、社會等等[4]。然而，這個爭論的主題卻不曾
因為如此地發揚光大而得以釐清。相反的，由於不同領域的涉
入，使得原本糾纏不清的爭論，變得更加撲朔迷離。也因此，
在嚴肅客觀的學術論辯之外，如今添加了一些詭異的情緒反
彈，這不僅出現在支持現代性與擁護後現代的不同陣營中，也

爭論曾寫了一篇著名的評論"Habermas and Lyotard on Postmodernity," in R. J.
Bernstein ed., *Habermas and Modernity*, Cambridge: Polity Press, 1985, pp.
161-75. 哈伯瑪斯對此評論的回應"Questions and Counterquestions,"刊於同一
本論集的書尾, pp. 192-216. 至於李歐塔在哈伯瑪斯的反駁後所作的申述，見
"Missive on Universal History," in J.-F. Lyotard, *The Postmodern Explained*,
eds. J. Pefanis & M. Thomas, Minneapolis: Univ. of Minnesota Press, 1993,
pp. 23-37. 本書此後標註為 P E．羅蒂對該答辯的評論，可見"Cosmopolitanism
without Emancipation," in S. Lash & J. Friedman eds., *Modernity and
Identity*, Oxford: Blackwell, 1992, pp. 59-72. 本文此後標註為 C E。哈伯瑪斯重
申其立場於 *The Philosophical Discourse of Modernity*, Cambridge: The MIT
Press, 1987. 其他有關學者的看法，參見A. Wellmer, *The Persistence of
Modernity*, Cambridge: Polity Press, 1985; P. Dews, *Logics of
Disintegration*, London: Verso, 1987.

[4]近年來各領域有關「現代與後現代的爭論」汗牛充棟。較具代表性的，在藝術方
面，見 Andreas Huyssen, "Mapping the Postmodern," in *New German
Critique*, 33, 1984, pp. 5-52. 文學方面，見 Linda Hutcheon, *A Poetics of
Postmodernism*, London: Routledge, 1988. 政治經濟方面，見D. Harvey, *The
Condition of Postmodernity*, Oxford: Basil Blackwell, 1989. 社會方面，見A.
Giddens, *The Consequences of Modernity*, Oxford: Basil Blackwell, 1990.

同時包括了許多想認識卻又無從著手的旁觀者在內[5]。在諸多
類似這些似是而非的言說中,要想對此論爭弄出個所以然來,
無疑的,是件相當困難的事。正其本,清其源,似乎是惟一可
行之道。可是,就是這個回溯根本的合法性如今被普遍質疑
著。於是,我們不得不先問道:若要對這爭論有所認知的話,
究竟應該如何面對才是呢?

一、現象學的基源分析

　　針對這個問題而言,胡塞爾(Husserl)的「回到物自身」
(Back to the things themselves)提供了一條線索[6]。要知
道,物自身對胡塞爾而言,並非康德意義下的理體
(Noumena),而是現象(Phenomena)。那就是說,它不是用
來表現理體的表象(Appearance),相反的,真理就在現象之
中。若用海德格(Heidegger)的話來說,真理向我們招手,而

[5]代表後現代的,如Arthur Kroker & David Cook, *The Postmodern Scence*, N.
Y.: St. Martin's Press, 1986. 代表現代的,則有如Alex Callinicos, *Against
Postmodernism*, Cambridge: Polity Press, 1989. 其他可參考 Ingeborg
Hoesterey, ed., *Zeitgeist in Babel: The Postmodernist Controversy*,
Bloomington: Indiana Univ. Press, 1991.
[6]E. Husserl, "Philosophy as Rigorous Science," in Q. Lauer, *Edmund
Husserl: Phenomenology and the Crisis of Philosophy*, N. Y.: Harper & Row,
1965, p. 96.

不是倒過來說，由我們去決定眞理[7]。可是，對做爲認識主體的我們來說，問題是：若要形成有效的認識，如何去區別這種向我們招手的眞理，與事實現象中的非眞理。

胡塞爾爲此提出現象學的方法(Phenomenological method)。簡言之，將我們經驗的事物放入括弧內、予以存而不論(epoché)。表面上看來，如此地存而不論是主體對客體的一種干預。其實，由於事物是客觀的、不受我們主觀意念所左右，於是，被存而不論的不會是先前以爲的客觀事物，而是存在於我們主觀意念中的偏見與成見。在這之前，它們不是我們意識自覺到的，否則，就不叫偏見與成見了。然而，經由這個又被他稱之爲現象學還原(phenomenological reduction)的方法[8]，隨著它們所寄寓的客觀事物被質疑，這些偏見與成見因而浮現在我們的意識中。一旦我們意識到這些就是偏見與成見，自然會把它們糾正過來。

不過，我們又應當如何去糾正呢？原來，就主體對客體的認識而言，在這個現象學還原的過程中，我們對事物的經驗未曾因爲存而不論而中止過。相反的，此刻，所經驗到的客觀事物，由於不受我們主觀意念的曲扭，以它本來的面貌向我們呈

---

[7]M. Heidegger, "On the Essence of Truth," in *Martin Heidegger: Basic Writings*, ed. D. F. Krell, N. Y.: Harper & Row, 1977, p. 129.

[8]E. Husserl, *Ideas pertaining to a Pure Phenomenology and to a Phenomenological Philosophy*, First Book, *General Introduction to a Pure Phenomenology*, The Hague: Martinus Nijhoff, 1982, p. 44.

顯。因此,我們只要本著平常心去看待,就不難有個客觀的認知了。

　　然而,如此地解釋尚只是答覆了其可能性的問題。對深受近代科學文明洗禮的胡塞爾而言,他仍須說明這個客觀的認知實際上是如何達成的。關於後者,則涉及另一個爭議不止的問題:即,本質直觀(Wesenschauen)[9]。對大部分的現象學家來說,我們能夠對經驗事物的本質直觀是無庸置疑的,不然,我們就根本無法對事物有所經驗了。但是,本質直觀到底是甚麼?卻是各有說法,漫無定論。更麻煩的是現象學家本身非但不引以為憾,反而視之為其超越古人的成就。他們之所以有恃無恐,是因為,就事實經驗而言,我們的確無法對當下的生活經驗作有如科學般精確(precise)的描述,可是,這並不因此影響到我們的日常生活經驗;相反的,科學判斷惟有在這個實然基礎上才能彰顯其意。這麼一來,本質直觀可以說是從作用上來証明的,即使這可能意味著它同時斷絕了其本質把握,亦在所不惜[10]。

---

[9]對胡塞爾早期思想如何從範疇直觀(Categorial intuition)蛻變為本質直觀,可參考 M. Heidegger, *History of the Concept of Time*, op. cit., pp. 47-75. 又見E. Levinas, *The Theory of Intuition in Husserl's Phenomenology*, Evanston: Northwestern Univ. Press, 1973.

[10]參見E. Fink, "Operative Concepts in Husserl's Phenomenology," in R. Harlan, W. McKenna & L. E. Winters eds., *Apriori and World*, The Hague: Martinus Nijhoff, 1981, pp. 56-70. 對本質直觀做本質上的把握,隨後構成了胡塞爾的超越轉向,對此持懷疑態度者,除了早期的Münich與Göttingen Circle之外,

因此，對這個廣義下的現象學方法，我們甚至可以說，其
有效性就是建立在本質証明與本質本身的分離上。這對現代與
後現代的爭論具有相當重要的啓發意義。不過，我們在這裡只
就其方法學的意義而言[11]，也就是說，面對現代與後現代的爭
論，我們只需對其所爭論的內容加以釐清，以便有所認知，無
須對其內容的優劣予以定奪。

二、現代與後現代爭端的開啓

現在讓我們按照這個胡塞爾所謂的「基源分析」(genetic
analysis)[12]，回到李歐塔與哈伯瑪斯爭議的焦點來看。在《後
現代情景》中，李歐塔開宗明義地指出：他所謂的後現代乃
「敘事(narrative)的危機引起的改變。」【ＰＣ，xxiii頁】
這個敘事的危機是甚麼呢？他隨即答道：科學之以「後設言
說」(metadiscourse)或「總體敘事」(grand narrative)的涉
指，使得自身得以合法化；這種現代性所標榜的客觀意義來

與包括海德格在內的 Freiburg Circle, 還有法國的沙特(Sartre), 梅洛龐蒂
(Merleau-Ponty)等人. 參見H. Spiegelberg, *The Phenomenological Movement*,
3rd revised & enlarged edition, The Hague: Martinus Nijhoff, 1982.
[11]至於現象學與後現代之間論題發展的關係，業已在第一章討論過。
[12]有關胡塞爾的基源分析，亦可參考本書第六章，第三節。

源，如今受到嚴重的質疑。【ＰＣ，同上】儘管哈伯瑪斯企圖用溝通理性所建立的共識(consensus)重申此現代性的合法性，李歐塔在此特別申明，這仍舊無法力挽頹勢。因為那不是一個未完成的方案，而是一個根本無法實現的夢想。

面對這項指責，哈伯瑪斯頗不以為然。在《合法性的危機》(*Legitimation Crisis*)探討中，他認為造成先進資本主義社會中的各種危機意識，不是合法性理念的本身出了問題，而是因為人們對這個理念不再具有信心之故[13]。換言之，使得資本主義社會之所以不斷的進步與發展，正源自於這個持續不斷的合法性理念，也就是他所謂的「啓蒙運動的理性計劃」。【ＭｖＰ，八～九頁】不錯，這個計劃的執行不是一成不變的，但是，我們不能因為執行過程中因時因地的變遷，就懷疑計劃本身的可靠性。倘若如此，資本主義社會是不可能有所進步。事實上，資本主義社會現階段的長足進步卻是有目共睹。因此，李歐塔對合法性的質疑非但不足以動搖合法性的基礎，反而更加堅定了它的客觀意義。有鑑於此，哈伯瑪斯反過來指責李歐塔所代表的後結構主義(Poststructuralism)乃「年輕保守主義」(Young Conservatives)。【ＭｖＰ，十三頁】他們對非理性因素的仰賴，諸如：權力意志，想像能力等等，言過其實，更何況，其所反應出來的反現代主義傾向，完全不足以為訓。

---

[13]Cf. J. Habermas, *Legitimation Crisis*, Boston: Beacon Press, 1975, pp. 45-50.

不過，哈伯瑪斯的這項責難因不同對象的指涉，使其意義變得相當混淆。根據〈現代性－－一種未竟之志〉的劃分，他清楚地指出年輕保守主義、傳統保守主義與新保守主義的不同；而在這個區分中，年輕保守主義只是反現代主義，隸屬於後現代主義的則是新保守主義。可是，李歐塔在此所倡言的分明是代表後現代情景的後現代主義，而哈伯瑪斯的指責也似乎視兩者沒有甚麼特別的差別。到底這兩者的關係爲何？哈伯瑪斯的意向又是甚麼呢[14]？

其實，哈伯瑪斯對這個問題的處理，原本是針對八十年代流行於德國的「歷史學家之爭辯」而來的[15]。邢是就自身的政治立場以決定歷史本來面貌的問題，討論其是否得宜。面臨當時日益高漲的保守言論，他從左派一貫的批判立場(Critical Theory)予以譴責，並強調反躬自省的道德意義[16]。雖然，這個問題與李歐塔的《知識報告》，乍看之下，不像有直接的關

---

[14]哈伯瑪斯批評新保守主義時，往往是透過對後現代的詮釋，做義理上的說明，參見 J. Habermas, *The New Conservatism*, Cambridge: Polity Press, 1989. 無怪乎一般都視哈伯瑪斯等同兩者去看待。平心而論，哈伯瑪斯本身並無此錯覺，參見Habermas, "Questions and Counterquestions," in R. J. Bernstein ed., *Habermas and Modernity*, op. cit., 註6, p. 239.

[15]參見J. Habermas, *The New Conservatism*英譯本，R. Wolin的導論, ibid., pp. vi-xxi.

[16]見J. Habermas, *Autonomy and Solidarity*, ed. P. Dews, London: Verso, 1986. 亦可參考J. Habermas ed., *Observations on "The Spiritual Situation of the Age"*, Cambridge: The MIT Press, 1984.

聯；但進一步地推敲，不難發現它確實有助於我們對「現代與後現代爭論」的認識。因為在這場論辯中，哈伯瑪斯把當時保守主義的興起視為一種風氣(ethos)，而助長這個時代風氣的哲學動機，和後結構主義的發展淵源不無關係[17]。所以，當羅蒂(Rorty)評論他和李歐塔的爭議時，諷刺哈伯瑪斯的溝通理性是否真有其必要(He is scratching where it does not itch)[18]，而哈伯瑪斯義無反顧地指出他對保守主義風氣的控訴絕非無的放矢，這個答覆的弦外之音就不言而喻了。那就是說，哲學，畢竟不像一般的科學，必須為其實際形式的應用(formal pragmatics)提出合理的說明，否則，「啟蒙運動的理性計劃」便無以為繼了，而那會是人類文明史無前例的大災難。因此，他反而以為羅蒂這種表面上視其唯物思想為落伍的激進批評，其實才是真正矯枉過正(throwing the baby out with the bathwater)的新保守主義[19]。

顯然，如果這種相互的指責不是一種意氣之爭的話，我們可以把哈伯瑪斯的反駁理解為一種典型蘇格拉底(Socrates)式的哲學辯護(apology)：若要說明現實，務必要說明其所以然來，因為一切實然均奠基於其應然之上。相對於此，則是辯士

---

[17]哈伯瑪斯認為德國政治上的新保守主義，與法國思想上的後結構主義，在源頭上是重疊的，即：尼采與海德格的哲學。參見J. Habermas, *The Philosophical Discourse of Modernity*, op. cit.

[18]R. Rorty, "Habermas and Lyotard on Postmodernity," op. cit., p. 164.

[19]J. Habermas, "Questions and Counterquestions," op. cit., p. 196.

學派(sophist)的詭辯。而對他們的駁斥莫若於下述論理上的非
難：假如實然不必有其應然的基礎，既然沒有必要去說明，又
何必多此一舉地畫蛇添足呢？以此類推，後結構主義的對合法
性的責難亦無非是對先進資本主義的發展，所產生的一種近似
「前衛」(Avant-garde)藝術之反動。這對合法性問題的核心
處——實際社會的科技—政治下層結構——是無濟於事的。

三、後現代言說

哈伯瑪斯的指責是否合理？現在，再讓我們從李歐塔批評
的立論點去檢視。李歐塔在提出科學或哲學的危機時，確實有
個預設立場，即，在先進的資本主義社會裡，受到大量資訊化
與商業化的影響，知識不再是爲天地立心、爲生民立命的神聖
事業。相反的，「知識是爲了販賣而製造出來，爲了穩定新產
品的價格而去消費：於此之間，其目的不外是交易與流通。
（於是），知識不再是目的本身，失去了其『使用價值』。」
【ＰＣ，四～五頁】然而，這個前提預設，對李歐塔來說，不
是用來當做一個理論的演繹基點，而是面對現實存在的暫時設
定(working hypothesis)。那是一個類似現象學存而不論的方
法學操作，其目的是要透過此設定對現實說明的步驟，把實際
呈現在現象中的存在事實披露出來。基於上述現象學方法對本
質証明與本質本身的分離，我們可以爲李歐塔做以下的答辯：

不能因為現實環境的墮落，就如同哈伯瑪斯一般，視這種現實
的敘述亦為墮落。當然，我們也不能就此斷定李歐塔的敘事是
合理的。合理與否仍有待其暫時設定所揭示的事實現象而定，
畢竟，這不是一個理論的演繹。

　　那麼，當知識的教育性與其現實上底應用，被化約為投資
性 知 識 (investment knowledge)與 支 付 性 知 識 (payment
knowledge)時，它是否真如李歐塔所稱，不再是屬於政府或
制度的規範呢？【ＰＣ，六頁】無疑的，李歐塔此地所暗示
的，不應被矮化為馬克思主義經常所仇視的，向買辦階級的靠
攏；他其實是對後者提出一個哲學問題。那就是說，合法性若
是個義理的問題，它和事實保持著甚麼樣的關係？唯物論如何
在這個關係的考量下建立起其合法性？反過來說，就像馬克思
所秉持之"真理即事實"[20]，共產主義政府或制度標榜的合法
性，其所根據的義理又為何？它如何與唯心論所秉持的義理區
別出來？換言之，李歐塔所要質疑的，不是推動資本主義社會
發展的啟蒙理性，而是哈伯瑪斯不斷要挖掘的、那個隱藏在啟
蒙理性背後的道德使命感。在他看來，固然，「用來決定甚麼
是真的與甚麼是對的，這兩者的正當性(right)不是不相干的，
即使它們陳述的性質不盡相同。」【ＰＣ，八頁】可是，正因
如此，在當今這個「資訊化社會」(computerized society)
裡，若真用馬克思主義務實的精神來看，非但不能像哈伯瑪斯

---

[20]Karl Marx & Frederick Engels, *The German Ideology*, ed. C. J. Arthur, N.
Y.: International Publishers, 1977, p. 123.

再三的主張那樣，以爲其哲學理論背後的道德使命因此得以伸
張，反而是喪失了其原有的時代合法性根據[21]。

　　不過，如果李歐塔的質疑成立的話，對哈伯瑪斯來說，這
是否意味著保守主義另有其未曾告人的一面呢？答覆這個問題
將遭遇一些非常棘手的詭論。倘若哈伯瑪斯對保守主義的理解
的確有所忽略的話，接著要回答的是，李歐塔所代表的年輕保
守主義是否彌補了這項缺失？如果李歐塔採取的是與保守主義
同樣的立場，那不僅不足以駁斥哈伯瑪斯的論點，反而間接証
實了他的推論。因爲，就論証而言，儘管哈伯瑪斯的反駁在內
容上或許有些不周全之處，但是，本質上，李歐塔不過是更新
了保守主義的主張，這麼一來，不等於是說李歐塔理應歸類於
新保守主義嗎？就此而言，哈伯瑪斯所要申訴的立論點仍屬有
效的。

　　反過來說，如果李歐塔的年輕保守主義不同於保守主義原
先的立場，雖然這麼解釋可以使他暫時避開了哈伯瑪斯的指
控，可是，卻同樣的使得他對哈伯瑪斯的質疑失去效力。因爲
合法性客觀依據的問題因此獨立於力行實踐的道德使命，對後
者的懷疑也就無關乎前者的問題。而哈伯瑪斯卻是將兩者連在

---

[21]即使從不同的角度觀察李歐塔的早期思想，C. Bürger亦有相同的評論：「對（李
歐塔）來說，批判只是一種消極的活動。就它做爲理性行爲而言，它基本上是依附
於它所批判的系統⋯批判者（教育家）把他自己擺在他所批判的之上。」見
"Modernity as Postmodernity: Jean-François Lyotard," in S. Lash & J.
Friedman,eds., *Modernity and Identity*, op. cit., p. 75.

一起去看待。顯然，兩者之間並無交集，於是，沒有甚麼誰是
誰非可言。

　　至於說，倘若哈伯瑪斯對保守主義的理解並無不明之處，
李歐塔的講法自然由於保守主義的歷史相對論立場，難逃自相
矛盾的窘境。即使李歐塔有意使他對傳統講法的重新說明有所
變通，不論其新意為何，只要向哲學的基本精神挑釁的話，它
是註定沒有勝算的。因為確實只有哲學才會追根究底地要求自
我說明；而李歐塔若要說明其質疑的根據，除非回歸這個哲學
傳統，否則，他無法進一步地自圓其說。

　　無怪乎這場論辯會引起這麼大的爭議。然而，我們若只是
停留在這個論理的觀點去思辯，仍不免有掛一漏萬之虞。因
為，事實上，這個世紀初葉的英美分析哲學，他們高舉反形上
學的旗幟時，早就提出過這類的論點[22]。那麼，為甚麼李歐塔
此刻重彈舊調，仍舊會引起如此軒然大波呢？顯然，這裡頭大
有文章，有待我們進一步的釐清。

　　接下來，我們不妨從李歐塔與羅蒂之間論及此的對談，說
明這其中的奧妙[23]。在〈普遍歷史與文化差異〉(Universal

---

[22]Cf. R. Carnap, "The Elimination of Metaphysics Through Logical Analysis
of Language," in A. J. Ayer ed., *Logical Positivism*, III: Glencoe, 1959, pp.
50-81.

[23]這是指一九八四年，John Hopkins University舉辦的一次研討會。在會中，李歐
塔發表 "Histoire Universelle et Differences Culturelles"一文，羅蒂則以 "Le
Cosmopolitisme sans Émancipation"作評，這項對談隨即刊載於 *Critique*, no.

History and Cultural Differences)一文中，李歐塔首先就一個問題——「我們今日是否能夠繼續把人文與非人文世界的種種情事，安立在一個人性的普遍歷史理念下，組合起來？」——闡明上述他質疑哈伯瑪斯時，所根據的哲學觀點。【ＰＥ，二四頁】針對他所強調的對普遍命題之懷疑，李歐塔指出這個懷疑的哲學意涵：「（普遍歷史）的追求，既非意味著它將會發生，亦非意味著它將不會發生，而是指它會不會發生的這個事實之確然成立。」【ＰＥ，二八頁】

　　由此觀之，顯然，他同意哈伯瑪斯對啓蒙理性的確認；但是，這並不表示啓蒙理性之堅持因此得到保証，因為，後者不具備哈伯瑪斯所信誓旦旦的應然之實然根據。事實上，即便唯物論的唯物史觀是正確無誤的，就土著文化(Cashinahua)承傳的方式來看，族群社會的合法性來自於敘述名字與故事之重覆[24]。只有在不斷的重覆中，合法性才得以穩固。在這裡，並沒有普遍理性的設計、執行與實踐的問題，合法性也不曾因此失落。相反的，它吻合了《後現代情景》中暫時設定對現實存在的說明；即，由「語言遊戲」(language game)的實際運作，揭示客觀知識或語言規則的侷限；然而，發現到這個客觀

456, May, 1985. 這兩篇文章的英譯，見註4.

[24]在《後現代情景》的第六章陳述知識的應用中，李歐塔對如何從故事的敘述與重覆中形成合法性有詳細的說明，參見ＰＣ, pp. 18-23. 另外，亦可參考J.-F. Lyotard, "Memorandum on Legitimation," in ＰＥ, pp. 39-59.

限制後，我們不能像德國觀念論的主張那般，進一步地取消或修正語言的運作，因爲就是這個以往用來取消或修正語言運作的客觀依據，如今被發現爲不周全的。【ＰＣ，三四頁】因此，我們必須反賓爲主地，用程序的運作來達成規範的功效。【ＰＣ，四七頁】不過，李歐塔此地所言也不像一般實証論所講的，直接用運作的成效取代系統的規範；而是根據發現客觀限制的「謬誤論証」(paralogy)，申張暫時設定對現實說明的合法性。【ＰＣ，六十頁】

那麼，這個「謬誤論証」是甚麼？它如何在發現客觀限制之際，確立其合法性？這就是暫時設定的方法學意義所在：「從事於証明的工作不外是去尋找與『製造』反証，換言之，便是查明其有所不知；爲論証提出証據則是尋求其『弔詭』，以便在推論的遊戲中，引進新的規則使之合法。」【ＰＣ，五四頁】經此說明，李歐塔於此之所以能夠否定普遍歷史，卻又同時宣稱「敘事即合法性自身」，【ＰＥ，三三頁】便不足以爲奇了。

四、實用主義的折中調和

可是，如果合法性不是由於我們的共識形成，反而來自於証明其共識不再的「謬誤論証」，無疑的，李歐塔必須要解決這種自身立法的敘事，將如何表達在這個律法之外，甚至於與

之相牴觸的啓蒙理性？或更簡單地說，它是如何普及出來的？
正是這個問題，羅蒂在評論這篇文章時，提出其〈不用解放的
世界主義〉(Cosmopolitanism without Emancipation)。他
企圖把李歐塔面臨的困境顛倒過來，直接從啓蒙理性出發，而
予以消解：

> 我們需要更多世界主義的敘事，但不必贅言於解放。我
> 們認為本來就沒有甚麼好拯救的，就像從節足動物到人
> 猿的生物進化過程不是解放的結果。也沒有甚麼曾經，
> 或仍舊，被囚禁的人性可言。反倒是我們這個物種自從
> 發展出語言以來，就為自己開創了一片天地。這片天地
> 發展得越來越大，越來越豐富，（我們）也就越來越感
> 到迷惑，對不同價值，也會有更多痛苦的綜合。【Ｃ
> Ｅ，六一頁】

　　原來，羅蒂以為語言、陳述原本不是用來証明啓蒙理性的
存在，也無需為自己考慮是否必然的基礎問題。那都只是些玄
學鬼的把戲。當然，這也並非意味著羅蒂崇尚反智或非理性主
義。相反的，他之所以堅信理性不是用來証明的，是因為理性
的存在早就透過其實際的運用直接流露出來。因此，在這個實
用主義(pragmaticism)的前提下，我們只要在技術上考量如何
精進就夠了，無需擔心普遍理性能不能藉此予以有效的証明。

這種應用先於理論的觀點充分顯示在他所謂的「別於解放的容忍觀念。」【ＣＥ，六二頁】不錯，人與人之間的溝通是建立在相互的了解上。然而，這種了解不是依循客觀認知的模式，經由彼此超越自身的侷限達成的；相反的，就是爲了要避免這種強迫的方式，即便是理性的必然性亦然，我們採取的而是耐心的說服(persuasion)，於是，人與人之間的溝通才能達到眞正的具體落實。經此說明，不僅李歐塔所宣稱的「敘事即合法性自身」，不必透過理性客觀形式的表彰便得以証實，就是哈伯瑪斯所謂的溝通理性，也因爲共識的獲得而受到保障。

　　然而，羅蒂這種杜威(Dewey)實用主義式的調解綜合，並不被李歐塔或哈伯瑪斯所接受。不錯，根據哈伯瑪斯的馬克思主義立場，惟有實際的活動(action)才能形成眞正的共識；同時，就他區分「勞動」(work)與「互動」(interaction)，批判正統馬克思主義思想而言[25]，他也能夠同意羅蒂的詮釋。可是，他的溝通活動是圍繞著「理想的溝通情景」，形構出表達啓蒙理性的「普遍應用」(universal pragmatics)[26]。因此，比較他和羅蒂對溝通問題的處理，兩者關注的焦點迥然不同；前者強調其規範面，後者則滿意於經驗界。所以說，儘管羅蒂

---

[25]參見J. Habermas, *Knowledge and Human Interests*, Boston: Beacon Press, 1971, pp. 43-63.

[26]J. Habermas, "The Hermeneutic Claim to University," in J. Bleicher, *Contemporary Hermeneutics*, London: Routledge & Kegan Paul, 1980, pp. 181-211.

的世界主義與他的「公共領域」(Öffentlichkeit)目標是一致
的[27]，哈伯瑪斯仍然駁斥羅蒂爲新保守主義。畢竟，哈伯瑪斯
受到早期法蘭克福學派(Frankfurt School)的影響，他所關心
的問題乃是如何藉由理性規範，對資本主義社會的全面「異
化」，或是理性的工具化，提出反省批判[28]。這顯然和羅蒂所
標榜的「西方社會的民主主義」或「二十世紀的自由主義」迥
異其趣旨。【ＣＥ，六八頁】

　　然而，這個錯綜複雜的關係不只是發生在羅蒂與哈伯瑪斯
之間而已，它同時也出現在羅蒂與李歐塔之間。在一次的訪問
中[29]，李歐塔認爲羅蒂把他的敘事合法性解釋爲對話
(interlocution)是毫無根據可言。這種被他轉述爲「實用主義
的最低限度」(pragmatist minimalism)，其實是理性主義對
現代性的終極設定。【ＩＬ，三〇四頁】那只是一個未經反省
的「盲點」(illusion)。這個設定背後的動機，即使是做爲理
論演繹的基點，也未必符合在羅蒂寬容的對話或哈伯瑪斯的溝
通理論背後所隱涉的道德使命感，更何況，李歐塔同意雷維納
(Levinas)的看法，就相對的實際情形來看，這何嘗不是藉由

---

[27]參　見　J. Habermas, *The Structural Transformation of the Public Sphere*,
Cambridge: The MIT Press, 1989.
[28]參見Albrecht Wellmer, "Reason, Utopia, and the Dialectic Enlightenment,"
in R. J. Bernstein ed., *Habermas and Modernity*, op. cit., pp. 35-66.
[29]W. van Reijen & D. Veerman, "An Interview with Jean-François Lyotard,"
in *Theory, Culture & Society*, vol. 4, no. 2-3, June 1988, pp. 277-309. 本 文
此後標註爲ＩＬ。

他者(Other)或律法對主體所施與的一種暴行(violence)與脅迫(hostage-taking)？【ＩＬ，三〇五頁】他甚至回溯到康德(Kant)的審美判斷，以一種非正統的詮釋方式，做爲啓蒙理性不需經由溝通或對話就可以直接表達出來的依據[30]。

　　乍看之下，無怪乎哈伯瑪斯會指責他爲年輕的保守主義。因爲，對照哈伯瑪斯的唯物論立場，這種啓蒙理性的表達，其唯心論的色彩顯然易見。所幸，在該次訪問的最後，李歐塔澄清他不是對道德使命有甚麼成見，而是對羅蒂和哈伯瑪斯把它當做超越的角色來處理，深深不以爲然。【ＩＬ，三〇七頁】換言之，他認爲重蹈唯心論覆轍的，一如前述，不是對唯物論的質疑，而是拒絕接受這項質疑。

五、李歐塔前衛藝術式地回應

　　那麼，李歐塔將如何釐清他的質疑所造成的自相矛盾，以解決上述的困境？這要從他處理哈伯瑪斯與羅蒂交相指責的晦澀「反烏托邦主義」，【ＣＥ，六九頁】所提出的積極答辯來看。在一篇重要的文章裡——〈答覆「何謂後現代？」的問題 〉 (Answer to the Question, What is the Postmodern?)

---

[30]所謂李歐塔非正統的詮釋與康德原意的差別，參見C. Bürger, "Modernity as Postmodernity: Jean-François Lyotard," op. cit., pp. 89-90.

——31李歐塔認爲，就藝術的眼光而言，從寫實主義到庸俗化(Kitsch)的轉變，的確出現了尼采(Nietzsche)所謂的虛無主義(nihilism)。不過，這種充滿了失落感的痛苦，卻因爲它的周遭四處洋溢著各適其是(anything goes)之逍遙自在氛圍，而表現出一種難言的弔詭。後現代情景不外是闡述這個弔詭。然而，和現代主義不同，他不是把弔詭的情景歸結於一種虛妄不存在的主體造業，而是務實地把它看待爲一種對現實所做的眞實寫照。

就此而言，現實中的弔詭顯然不是「反烏托邦主義」一詞的消極意味可以窮盡的。其未竟之意，李歐塔指出，必須用康德對崇高感受(the feeling of sublime)的洞悉來彰顯。【ＰＥ，十頁】簡言之，那是一種五味並陳的感受，快樂往往就在痛苦中蛻生。造成這種複雜的感覺，依照李歐塔對康德的詮釋，是因爲主體的認識力與展現力之間，出現了一道無法跨越的鴻溝。導致：

> 在一個美的具體『情狀』中，（一件藝術品）先是不帶任何名狀地呈現給感性，接著，它喚起一種異於一切其他關係的快感；再由這個快感訴諸一種普遍共鳴的原則，（即便這個原則永遠也實現不了）。【ＰＥ，同

31J.-F. Lyotard, "Answer to the Question, What is the Postmodern?" in ＰＥ, pp. 1-16.

上】

　　對康德來說，反省判斷中的品味(Taste)可以在不知名的情狀中，主觀地勾畫出這種斷裂的關係，所以我們才會有快感。可是，崇高的感受卻惟有當我們對這種可能的說明徹底絕望之際才會出現[32]。李歐塔稱這種對客觀情形之力有未逮，一如對無限的描繪般，乃不可名狀(unpresentable)。【PE，十一頁】

　　然而，甚麼是不可名狀？我們又如何對這種不可名狀予以命名呢(the presentation of the unpresentable)？原來，《後現代情景》中的暫時設定就是針對這個問題而來。在這裡，李歐塔宣稱我們可以在「前衛」藝術的領域裡，找到一種積極進取的態度，與之呼應：「它透過不讓我們看到的方式，使我們看到；它借用痛苦的方式，帶給我們快樂。」【PE，同上】李歐塔繼續說，就因為使用這種暗示(allusion)的方式，我們才能在現代性的「後設言說」或「總體敘事」之全面宰制下，突破了康德哲學先驗架構的瓶頸，呈現出後現代的本來面貌：「一幅作品惟獨先是後現代，才可能成為現代。一旦有此認識，後現代主義不會是現代主義的結束，反而是後者原初狀態的綿綿不絕。」【PE，十三頁】

---

[32] I. Kant, *Critique of Judgment*, Tr. J. H. Bernard, London: Macmillan, 1914. 有關主觀鑑賞的部分，見p. 80; 有關崇高感受的部分，見p. 102.

那麼,這個暗示的方式是甚麼?它如何突破現代性的困局?不錯,就論理到藝術的轉向而言,我們不難理解到,李歐塔之所以用它脫離自相矛盾的窘境,一方面,是因爲它將現代與後現代予以重疊,好讓後現代情景對現實的眞實寫照有個歷史的連續性;另一方面,是因爲這個連續性本身是由一種斷裂、不同性質的模式揭示出來,因而表現出後現代與現代完全不同的面貌。可是,「前衛」藝術憑甚麼可以超越康德的侷限,凸顯出一糾纏不淸,若即若離的關係呢?

首先,我們要知道,康德審美判斷的目的在於主體認識力與展現力之間的斷裂,不光是爲了崇高的主觀感受鋪展問題,更由於它隸屬於我們認知結構的「判斷力」,因而同時決定了這種崇高感受的客觀可能。可是,我們若回到康德的先驗體系去看,就其《第一批判》所示,由於客觀知識的來源受制於悟性(understanding)與感性(sensibility),這兩個我們人類惟一有效的認識功能,於是,《第三批判》對崇高感受的強而名之,也只能取決於其中的一端。這麼一來,表現出快樂與痛苦同在的崇高內涵,便只能看成主體從某一面對整體的強調,並非眞正是客觀的兩端共處之全體大用[33]。面對這種不論是認知

---

[33] 這種造成康德處理審美判斷上困難的原因,我們可以用蔣孔陽的一句話來說:「想像力自由地符合了理解力的規律,而理解力則在形式的統一上給想像力的合規律性提供了理性的基礎。」《德國古典美學》,新店:谷風,1987,一〇三頁。不過,李歐塔認爲這不光是康德的困難,也是整個現代性的困難。因此,他特別用塞尙(Cézanne)的例子:「我們要看的是使我們看到的,而不是那對我們來說顯而

上的弔詭還是展現上的兩難，開啓了從黑格爾經由馬克思到哈
伯瑪斯一脈相傳，德國哲學對理想與現實之間所做的調和[34]。
不過，李歐塔認爲，由於當前「資訊化社會」的後現代情景，
這個過去由主體所設定的「甚麼是美」問題，業已消失在「藝
術將是甚麼」的客觀領域之中。【ＰＥ，七頁】

　　在另一篇重要的論文——〈崇高與前衛〉(The Sublime
and the Avant-garde)——李歐塔藉由近代藝術評論對崇高的
分析，進一步地說明構成這種變遷之所以然：「一切所生或其
意指，均與意義或現實毫無關聯。在問及那是甚麼或甚麼意思
之前(quid)，它必須要『先』發生才是(quod)[35]。」這個崇高
所處、且無以名之的形上領域，不外是德國哲學調和理想與現
實對立之所在。可是，李歐塔於此引用海德格的事情發用(ein
Ereignis)，指出使之調和的根據，對主體而言，其實是個客
觀的無而不是主體的有[36]。它使我們獲得崇高的感受，而不是
主體的綜合能力所致。這在藝術創作中尤爲顯見。每當畫家作

易見的」，指出不可名狀的深不可測 (indeterminacy)不是限定的方式 (a
determined fashion)可以決定的。」J.-F. Lyotard, "The Sublime and the
Avant-garde," in A. Benjamin ed., *The Lyotard Reader*, Oxford: Basil
Blackwell, 1989, pp. 206-7.

[34]Cf. J. Habermas, *Theory and Practice*, Boston: Beacon Press, 1973.

[35]J.-F. Lyotard, "The Sublime and the Avant-garde," op. cit., p. 197.

[36]Ibid. 海德格的原意，可見M. Heidegger, *Identity and Difference*, N. Y.:
Harper & Row, 1969, pp. 36-7.

畫、作家執筆之際，他們面對的不只是一個對象明確，卻有待填補的空白；而是創作過程中，所遭遇到的每一個無所適從之片刻。於是，就實際的創作而言，與其說是畫家或作家本身根據心中的意念去創作，不如說是作品客觀地誕生於每一個片刻之中，更能恰當地表達此無以名之的崇高內涵。這是因為，開始去創作時，做為一切事情客觀發用的無，在每一刻當下之際，都會因為作品未完成，將所有主體的作為予以剝落（privation），使得主體產生焦慮與痛苦。可是，正由於作品尚未完成，這個感覺不能視之為主觀的失落所致，而是客觀事情發用所給予的。因此，即使隨後作品的完成帶給主體充實的喜悅，也只能說是它基於本身的作為而得到滿足，不能說這種滿足是客觀的。故主體的快感不足以道盡一切。相反的，倒是在痛苦中，我們仍然可以順從這個不可名狀的痛苦表達，不由自主地對不可名狀的事情本身形成感慨之嘆。再由這個感慨之嘆引起的歡愉之情，我們才能捕捉到其間所流露出不可名狀的客觀事情。這就是成為「前衛」藝術超越康德侷限的依據。

　　不過，在〈答覆「何謂後現代？」的問題〉中，李歐塔並未申言此一形上根據，而關注於現代與後現代之間關係的議題上。於是，回答甚麼是暗示方式的問題時，他直接用普魯斯特（Proust）與喬艾思（Joyce）在文學上的實際運用為對比，說明後現代如何透過「前衛」藝術對現代問題的處理過程應運而生。他首先發現到，若要闡明普魯斯特與喬艾思之間風格上的差異

(différend)[37]，離不開現代性理想與現實之間對立的痕跡：前
者透過無力的展現揭示一種沉鬱，後者則經由無上的認知表現
一種新穎。【ＰＥ，十三頁】

　　這種闡明的確認，顯然，建立在想像力與理解力之間彼此
的互動關係；因為，惟獨展現力的力有未逮與認識力的強而有
力是一體的兩面，普魯斯特才能洞悉無力的展現所透露出的沉
鬱，喬艾思也才能鋪展無上的認知所彰顯的新穎。換言之，就
它們之間若即若離的本質關係的構成而言，德國哲學傳統對
「前衛」藝術的發展仍然有著無比深厚的影響。所以，不論是
普魯斯特用無窮的時間取代意識統一性，還是喬艾思用無盡的
作品取代文章統一性，在他們實現不同的風格之際，李歐塔接
著指出，促成其本身異於他人風格的統一性不曾因此消失，而
是以一種「懷舊」(nostalgia)的方式實際表達在敘事之中：

　　它所訴諸的不可名狀仍只是個空洞的內容，可是，其形
　　式，由於有其被察覺到的一貫性，依舊能夠不斷地為讀
　　者或觀眾提供足以慰藉與歡愉之寶。不過，這種感覺不
　　等於真正崇高的感受，對後者而言，快樂與痛苦則是內

---

[37]對李歐塔來說，Le Différend就是造成差異的基礎，故無需在差異之外，找尋其
形上根據；也不必就此來否定形上學。J.-F. Lyotard, *The Differend: Phrases in
Dispute*, Minneapolis: Univ. of Minnesota Press, 1988. 另外可參考 W.
Godzich為*The Postmodern Explained*的英譯所作的跋，特別是pp. 129-36.

在於其中：當理性超越一切所現而感到快樂，當想像或
感性無法與觀念匹敵時而感到痛苦。【ＰＥ，十四～五
頁】

無疑的，單單就後現代的議題而言，現代與後現代的差異
的確無幾。因為這種的懷舊所造成的取悅，無異於十八世紀德
國浪漫主義復古的情懷[38]。可是，把它和〈崇高與前衛〉一文
對崇高的形上分析相互比較，不難看出李歐塔此處所要表明
的，就是從這個現代的情懷中覺醒過來：

後現代乃是對現代的不可名而名(presentation itself)，
強言其不可名狀(unpresentable)，而它的申述不再從明
確的形式中取得慰藉，也同時拒絕了因為品味引起的共
鳴－－同時對不可及境界的懷舊－－所縱容的懈怠，而
是（繼續不斷地）追尋新的命名；這麼去做，並非為了
要從中取樂，而是對不可名狀給予更強烈的感受。後現
代的藝術家與作家（因而）取代了哲學家的地位：他所
寫的文章或創造出來的作品，不是循著陳例來建構，也

---

[38]德國浪漫主義的復古情懷可以用狂飆運動(Sturm und Drang)的代表人席勒
(Schiller)之"Letters on the Aesthetic Education of Man"來說明。 Cf.
Friedrich Schiller, *On the Aesthetic Education of Man*, Tr. E. M. Wilkinson
& L. A. Willoughby, Oxford: Clarendon Press, 1967.

不能依照舊規來看待...（這些其實）正是作品或文章
所要研究的...（換言之），藝術家與作家不是有所因
循而創作，而是為了**將成既定**(will have been made)的
事實，建立起其規則。這就是為甚麼文章與作品具備了
事情發生的性質，對作者而言，它們總是來得太遲，或
在同樣的意思下，他們實際地創作總是完成的太早。
（我們）便是根據這種未來(post)與過去(modo)之間的
弔詭認識到後現代。【ＰＥ，十五頁】

六、後現代的哲學論述

　　再沒對後現代的描述比李歐塔的這段文字更為淋漓盡致的
了。後現代豈是一般流行的讀法：「現代性的終結」，就可以
草草結束對它的了解？就我們分析所示的李歐塔之嚴格哲學意
涵而言，它其實要比現代更具現代性。如果按照哈伯瑪斯的說
法，現代性真是一個未竟之志的話，那麼，它也只能在後現代
中完成[39]。在維護現代性的強烈反彈與擁護後現代的激情之
後，似乎該冷靜地反省這個課題才是。

---

[39]Cf. Emilia Steuerman, "Habermas vs. Lyotard: Modernity vs.
Postmodernity?" in A. Benjamin ed., *Judging Lyotard*, London: Routledge,
1992, pp. 99-118.

然而，就當我們冷靜反省之際，這一切似乎又相當詭異的回到上述哈伯瑪斯的詭論之中：若說只有後現代才能完成現代性的未竟之志，為甚麼不能說後現代離不開現代性的啟蒙計劃呢？詹明信(Jameson)便是如此地詮釋後現代[40]。不過，正是這種固執的現代性詮釋被李歐塔所極力質疑與排斥著。誠然，只有不斷地追問，才能解一時之惑。可是，那不代表在現實的困惑中，有一個冥冥自主的理念引領著我們。就算真有一個永恆的指標，那也只能在一切結束之後，昭示我們。然而，果真如此的話，這才是真正置現代性於死地的元凶。因為，依照這個解釋來看現代性的詮釋，這不等於是說現代性必須在啟蒙計劃的結束後才得豁然開朗嗎？

由此觀之，事實上，惟有後現代實現了現代性的啟蒙計劃，現代性才不會因為其志之未竟而變得虛無飄渺。當然，我們也不能因此把它視為相對於這種現代性獨斷的另一種迷思，即，以實用主義為代表的新保守主義。相反的，按其反形上獨斷的觀點而言，只有後現代才能真正跳出玄思冥想所造成的死胡同。不錯，從它跳出來所走的路線來看，離不開從柏拉圖(Plato)以降延綿兩千年來哲學思辯的傳統。可是，這並不表示這個歷史除了重覆著同樣的論題之外，一無是處。相反的，若要避免掛空的玄思冥想，不是規避歷史的重覆，就可以獨出心裁地將現實界予以落實的。事實上，就本質的角度而言，歷史

---

[40]Cf. Fredric Jameson, *Postmodernism or, The Cultural Logic of Late Capitalism*, Durham: Duke Univ. Press, 1991.

就是在重覆同樣的事情，可是，從存在的觀點來看，面對此情事的你我卻大不相同。這就是爲甚麼歷史會連續，而連續中離不開斷裂之故。總之，從事於哲學思辯未必是棄現實於不顧，它反而是實現其世界主義的不二法門。

然而，正因爲如此，甚麼是後現代變得更加模糊曖昧了。如果現代與後現代的區別就是爲了揭曉彼此之間的重疊，也就是說，我們不能因爲進入到後現代而罔顧了現代的種種，甚至於可以說，我們惟有透過現代的種種才能邁進後現代的門檻。這種區別又有甚麼意義呢？因爲後現代的悲情(pathos)遠不及現代性對人心的振奮。針對這個現代對後現代的反嘲，哲學家的答案十分扼要：我們無法因爲實效忽略了眞理的嚮往。只要後現代的情景確實存在，我們就不能不面對之。可是，如果按照後現代對現實的看法，我們不能因爲意義的獲得而漠視其間細微的差異。那麼，我們又是怎麼知道這之間的差異？

就我們此地的基源分析所示，誠然，客觀知識的建立乃是現代性全力以赴的議題，不過，後現代情景的出現不見得是否定其成效，相反的，只有它才能充分証明了現代性這方面的豐碩貢獻。只不過，使它能充分証明的原因，主要是它有效地反映出現代對知識的考察如今墮入一個不能自拔的無盡深淵，有待棒喝，以復其源源不絕的生機。而在後現代無所依恃的觀點下，這種做爲棒喝的價值判斷似乎較知識的顯明性更爲具體，更有眞切感。而對這種感受的說明不外是李歐塔所致力的「不可名狀之命名」。

第 四 章
現代性的兩個面向
～從黑格爾到馬克思與韋伯

一，現代性是甚麼？

　　由於不論是後現代開展還是現代性的持續，都是以現代性
做爲批判的對象，故我們首先要討論的，即，甚麼是現代性
(modernity)？在眾說云云中，無疑的，韋伯(Weber)的「解
除世界魔咒」(disenchantment of the world)是一個最爲簡
潔有力的答案[1]。那就是說，由近代歐洲理性主義，歷經宗敎
信仰與理性啓蒙之間的一連串辯証關係，所發展出的「世俗」

---

[1]Jürgen Habermas, *The Philosophical Discourse of Modernity*, op. cit., p. 1,
10.; D. Frisby, *Fragments of Modernity*, Oxford: Polity Press, 1985, p. 13.
有關韋伯的「解除世界魔咒」與現代性的關係，參見S. Lash and S. Whimster
eds., *Max Weber, Rationality and Modernity*, London: Allen & Unwin, 1987.

文化與現代社會。或更明確地說，即，資本主義。

　　在《基督教倫理與資本主義精神》(*The Protestant Ethics and the Spirit of Capitalism*)中，韋伯用基督徒的工作倫理導致生產效率提昇的事實考察，來說明資本主義是如何從經濟活動中形成；同時，他再用這種精確計算所成就的經濟效率，做為目的理性的建構，以說明促成基督徒工作倫理的緣由[2]。如此互為因果的說明方式，使他面臨基源(genesis)問題的解釋時，能夠突破以往由意識型態的主導所造成的瓶頸，有效地處理現實中資本主義的源起。

　　誠然，就歷史的發展而言，近代歐洲在天主教(Catholicism)傳統的籠罩之下，宗教信仰與世俗文化仍舊屬於兩個截然不同的世界；可是，在韋伯的解釋下，這兩個世界不必因為彼此的對立就格格不入，相反的，它們可以成為相互影響的必要條件。實際上，它們的相互影響，隨著韋伯互為因果的說明，已經由一種理性化作用(rationalization)的方式表現出來。換言之，那個讓人能夠安心立命的目的理性(purposive rationality)從傳統涉指一個超越的位格神，落實在人們於現實工作中，實際有效的經營與管理，藉此所獲得的最高經濟效益，也就是提供它客觀依據的普遍律則。如此把一個超越的理性予以落實在實際的理性化作用上，不僅是「解除

---

[2]Max Weber, *The Protestant Ethics and The Spirit of Capitalism*, N. Y.: Free Press, 1958.

世界魔咒」的最佳現實寫照，也同時成爲資本主義的本質眞諦所在。

　　然而，我們是否能夠因爲這個理性化作用，推論出資本主義的精神是反傳統、反宗教的呢？在分析路德(Luther)所謂的「志業」(Beruf)時，韋伯明白地指出使得理性化作用成爲資本主義的本質，其動力來源不外是宗教意義下的非理性[3]。原來，當代表救贖意義的天主教彌撒儀式被基督教取消時，後者並非意味著人因此取代了神的地位，或是可以自救了；相反的，在人與神之間無限距離依舊的情況下，這個可以用來拉近雙方距離的惟一憑藉永遠失落了。於是，它只是加深了人內心深處的孤寂感。爲此，喀爾文教派(Calvinism)呼籲其信徒要加倍努力地工作，以掃除失去救贖後所額外添加的疑慮，並藉此完成神交付的神聖使命[4]。就此看來，資本主義的原始精神非但不是反宗教的世俗觀，反而帶有一種強烈宗教意識的使命感，所以它能夠在短時間內征服全世界，只不過它實際發展的結果，剛好顛倒過來爲世俗的，而非宗教的。

　　不過，根據哈伯瑪斯(Habermas)的意見，這一直要等到二十世紀中葉「現代化」(modernization)概念的形成，資本主義才完全脫離歐洲文明源起的區域性，普遍化爲現代社會共

---

[3]Ibid., pp. 79-92. 「志業」一詞的翻譯，參見丁學良著，《從「新馬」到韋伯》，台北：聯經，一九九一，二八五頁，註21.

[4]參見Anthony Giddens, *Capitalism and Modern Social Theory*, Cambridge: Cambridge Univ. Press, 1971, p. 129.

同的客觀典範[5]。可是，正因爲這個緣故，哈伯瑪斯並不滿意
韋伯從社會學角度所做的解釋。他認爲互爲因果的說明方式只
是就實然面表現其所以然，並未從應然面進一步追問爲何會如
此。在同樣的宗教背景之下，爲什麼天主教文化就無法形成資
本主義？而基督教之所以能夠把宗教情操轉化爲工作倫理的規
範，其客觀根據又爲何？若這些問題不解決，就無法解釋資本
主義原始精神與其後發展現代化之間的落差。因此，在《現代
性 的 哲 學 論 述 》 (The Philosophical Discourse of
Modernity)中，哈伯瑪斯指出由於韋伯的「解除世界魔咒」受
制於其理論的基本預設，導致後現代的興起[6]。

　　那麼，甚麼是韋伯社會學解釋的基本預設？簡言之，即現
代性之「向未來開顯」(opens itself to the future)[7]。對這個
做爲現代化根源的現代性，波特萊爾(Baudelaire)在〈現代生
活的畫家 〉(The Painter of Modern Life)中，有如下的解
釋：「變化多端、無常的，它是藝術的一部份，另一半則是永
恆不朽的[8]。」這個解釋如今看來是稀鬆平常的，可是，把它

---

[5]J. Habermas, op. cit., p. 2.

[6]Ibid., p. 3-4. 參見J. Habermas, "Neoconservative Culture Criticism in the
United States and West German: An Intellectual Movement in Two Political
Cultures," in R. J. Bernstein ed., op. cit., pp. 78-94.

[7]Ibid., p. 6. 參見Reinhart Koselleck, Futures Past, Cambridge: The MIT
Press, 1985.

[8]Charles Baudelaire, "The Painter of Modern Life," in The Painter of Modern
Life and Other Essay, London: Phaidon, 1964, p. 13.

放在西方歷史的發展脈絡中，卻有其不同凡響的意義。

　　根據卡尼楚(Calinescu)的考察，十七、十八世紀流行於歐洲的「古今之爭」(querelle des anciens et des modernes)早在中世紀就發生了[9]。最有名的例子，即站在巨人肩膀上的侏儒之比喻。侏儒雖然長得矮小，卻因爲站在巨人的肩膀上，看得比巨人還要遠。然而，就傳統與現代之爭而言，究竟誰是巨人？誰是侏儒？一直要到文藝復興時才有個定論。

　　當現代經由啓蒙運動取得絕對優勢的地位時，波特萊爾對現代性所做的定義才顯出其意義。原來，傳統與現代之間的區別，不是像韋伯以爲的那般，可以直接透過事實現象的考察，歸納出明確的結果。相反的，是因爲「向未來開顯」的現代性具有「不斷更新」(continuous renewal)的本質，才使得現代能夠在歷史發展的連續性中，與傳統分裂開來。於是，現代需要一個與傳統完全不同的定義。在同一篇文章裡，波特萊爾透過絕對的美與相對的美之間角色的互換，進一步地說明這個現代性的本質：「美，一方面，是由永恆不變的因素構成...另一方面，是由相對偶然的成份構成...沒有後者，就像蛋糕上沒有抹上一層糖衣，前者也就無法引起口腹之欲了[10]。」換言

---

[9]"Querelle"是指法蘭西學院中對文學作品的藝術指標與判準之認定所造成的爭議。Boileau(1636-1711)認爲古典的才是絕對與永恒的，Charles Perrault(1628-1703)則主張現代的需要新的標準。詳見 Matei Calinescu, *Five Faces of Modernity*, Durham: Duke Univ. Press, 1987, p. 23.

[10]C. Baudelaire, op. cit., p. 3.

之，現代與傳統不是處於兩個截然不同的世界，而是同一世界
的不同對待；當傳統企圖去模仿永恆的價值時，現代視這個不
斷模仿的本身才是永恆的，或是說，現實就是模仿，不斷地翻
新則是它的內容。

二、黑格爾對現代性的哲學界定

　　然而，傳統與現代的歷史段落固然是由現代性「不斷更
新」的本質所造成的，但是，使它「向未來開顯」的客觀規
範，早就由黑格爾提出來了：「現代世界的原理即主體性自
由，此原理是指：表現於理智全體中的所有主要成份，如今充
分顯示在其所發展的過程中[11]。」因爲主體自由的洞悉，現代
性「不斷更新」的本質才得彰顯；更基於此本質的揭曉，現代
性才能隨著主體性自由「向未來開顯」。經此本質決定論的疏
通，韋伯就反映事實所展現出的互爲因果說明方式，因而取得
其應然的依據。

　　的確，就十八世紀的發展而言，天主教因其信仰建立在傳
統的權威上而沒落了，基督教則由於把它放在主體自由的洞見
中開花結果。可是，這不再是一種歷史相對主義的論調，而是

---

[11]G. W. F. Hegel, *Philosophy of Right*, Oxford: Oxford Univ. Press, 1969, p.
286.

透過主體性自由在現實中的發用造成的。哈伯瑪斯認爲黑格爾在耶拿(Jena)時期的系統哲學作品中，就已經表現出這種宗敎信仰，亦即，如何經由主體性自由，落實在現實世界的辯証過程中[12]。那就是說，一方面，基督敎藉著主體自由的洞見，把超越的客觀理念內在化於個人的道德責任中；另一方面，它同時把信仰的傳統權威外在化於公共倫理的義務上。

如此一來，宗敎信仰非但不因爲傳統與現代的分裂而消失，反而變成現代化的動力因素。換言之，就個人行爲而言，基督徒的工作倫理，其動機仍舊是虔誠宗敎性的；可是，就群體關係而言，其目的則在於世俗文化的建構上。於此，韋伯社會學解釋所殘留的非理性因素被徹底理性化了。我們可以說，主體性自由的原理開啓了一個以理性爲主宰的人文主義，再由這個人文主義拓展出世俗的資本主義。

不過，這條從人文主義到資本主義的路途並非平坦的。一旦信仰與理性隨著主體性自由發用時的內外之分而決裂了，理性的主宰是否就能夠因此取代萬能的神呢？在《信仰與知識》(*Faith and Knowledge*)中，黑格爾認爲不只是宗敎信仰會僵

---

[12]G. W. F. Hegel, *System of Ethical Life and First Philosophy of Spirit*, Albany: State Univ. of New York Press, 1979. 參見J. Habermas, "Labor and Interaction: Remarks on Hegel's Jena Philosophy of Mind," in *Theory and Practice*, Boston: Beacon, 1973, pp. 142-69. Herbert Marcuse, *Reason and Revolution*, N. Y.: Humanities Press, 1954, pp. 52-90.

化,理性啓蒙亦會墮落[13]。人的信仰若不是基於自由抉擇,就會變成一種乞憐於神的盲從心理;同樣的,離開了政治自由,理性主宰也將成爲另一種獨斷。顯然,黑格爾不像啓蒙運動那般膚淺地樂觀進取,而是要把代表主體自由的理性,擺在哲學的脈絡中去檢討。

在其早期神學作品中,他於是透過天主教與猶太教的對比,顯示出宗教外貌下的理性辯証歷程[14]。猶太教的創立者亞伯拉罕(Abraham)爲了神,而自絕於天地與群眾,便代表著理性獨斷的一面。這可以從猶太教嚴峻的律法看出來。對猶太教而言,戒律(law)即神的命令,人只能臣服於它,不得有絲毫懷疑的餘地。天主教則不然,耶穌(Jesus)基督象徵著慈愛(love)與寬容,而慈愛是建立在內心的感通上;藉此,天主教超越了純然外在戒律的猶太教。不過,它並不因此染上神秘主觀的色彩,因爲這個內心的感通最後是體現在耶穌被釘在十字架的悲劇事實上。由此觀之,天主教表現的理性觀遠非希臘時代素樸的天人合一說所能比擬;畢竟,慈愛是落實在生命(life)的生離死別中透露出來的。

然而,就生命本然的無常去看待,天主教與猶太教乃是同源的,因爲人的生命還是由神來宰制的。於是,儘管耶穌釘上

---

[13]G. W. F. Hegel, *Faith and Knowledge*, Albany: State Univ. of New York Press, 1977, p. 55.

[14]G. W. F. Hegel, *Early Theological Writings*, Philadelphia: Univ. of Pennsylvania Press, 1971.

十字架，受宰制的人仍舊無法體會到他所要傳達的訊息。故天主教強調，除了耶穌基督的降臨之外，我們需要類似猶太戒律的彌賽亞(Messiah)寓言來提醒。

不過，面對此獨斷，再度顯示出猶太敎與天主敎的不同：猶太敎認爲人因爲原罪的緣故必需受到懲罰，而受罪不表示被寬恕了。相對於此，天主敎主張人可以認命(fate)，雖然不能因此免除罪惡感，卻能藉此回歸於生命的圓融。於是，認命不僅意味著神的寬恕，也同時給予信仰一個合理的基礎。然而，弔詭的，黑格爾在這裡發現到僵化(positivity)的種子所在[15]。原來，認命與否原本是個人內心自主的選擇，天主敎爲了堅定眾人的信仰賦予敎會無上的權威。可是，敎會的合法性來自於神，而非公眾事物。於是，當敎會愈是要堅定人們的信仰時，它就愈變得世俗化，而敎會的功能因世俗化而變得愈發達時，它離神愈遠[16]。這就是爲什麼天主敎會沒落而基督敎會興起的原因。

不過，要使它們之間的興衰成爲歷史的必然發展過程，仍有待這個由理性獨斷到啓蒙，再由啓蒙僵化爲獨斷的辯証歷程，透過主體性自由在現實中的發用才得充分地證明。因此，黑格爾進一步藉由倫理(sittlich)與道德(moralische)的劃分，爲現代與傳統的歷史發展提供一個應然的理性基礎。簡言之，

---

[15] Ibid., p. 70.

[16] 參見 Charles Taylor, *Hegel*, Cambridge: Cambridge Univ. Press, 1975, p. 63.

當個人的普遍道德律離開了倫理共同體 (ethical community)，就會產生僵化的危機；反過來說，當個人的普遍道德律，經由主體性自由，展現在倫理共同體時，則是一片生機[17]。

然而，在這種本質決定論的解釋之下，主體性自由的原理是否會再度墮入一種未經檢證的設定，好比希臘時代的天人合一或天主教僵化的情景一般呢？黑格爾自覺到這個危機，因此，在《精神現象學》(*Phenomenology of Spirit*)中，他跳開本質決定論的絕對命定，把差異的同一性(identity of differences)建立在所有可能僵化情形的抵制上[18]。那就是說，主體性自由的原理不再是素樸地根基於實體(substance)或智的直覺(intellectual intuition)而存在，而是就這個對實體做認知的居中自我意識(mediating self-consciousness)。當主體為了要認識自己，把自己視為客體，再經由對這個客體的認識，回歸於主體自身上。視自己為客體的否定，以及回歸於主體自身的再否定，皆由自我意識的活動直接證成。於是，透過這個否定之否定(negation of negation)的活動所成就出的差異統一性，不可能再度僵化為一種設定，而是表現出現代

---

[17]見註13。

[18]G. W. F. Hegel, *Phenomenology of Spirit*, Oxford: Oxford Univ. Press, 1979, p. 14. 參見 G. W. F. Hegel, *The Difference Between the Fichtean and Schellingian Systems of Philosophy*, Albany: State Univ. of New York Press, 1977.

性「不斷更新」本質的差異與同一之同一性(identity of
identities and differences)。如此一來，基督教的內在性不
僅找到一個合法性的根源，就是這個合法性的根源也有一個合
理的理論基礎[19]。

三，現代性的危機與蛻變

　　然而，對現代性的解釋是否因爲這個合理基礎的獲得，而
一勞永逸地解決呢？就黑格爾絕對觀念論迅速地由盛而衰，以
及少壯黑格爾學派(The Young Hegelian)的全面興起來看，
現代性的探討似乎才剛開始[20]。眾所周知，馬克思(Marx)批評
黑格爾是用頭走路，尼采(Nietzsche)以戴奧尼斯(Dionysus)
取代耶穌基督的受難，不僅開啓了對現代性的批判，同時也樹
立了現代與後現代爭論的先河[21]。前者認爲自我意識對主體性
自由只是做原則性的說明，無助於其發用所在的實質條件之決
定，因爲即使理性的自明充分反映了現實，也離不開這個現實

---

[19]J. Habermas, op. cit., p. 36. 參見Hans Blumenberg, *The Legitimacy of the
Modern Age*, Cambridge: The MIT Press, 1983.

[20]參見Karl Löwith, *From Hegel to Nietzsche*, N. Y.: Holt, Rinehart and
Winston, 1964.

[21]馬克思批評黑格爾是「用頭走路」，見 K. Marx, *Capital*, vol. I, N. Y.:
International, 1967, p. 19. 尼采的 Dionysus versus 'Crucified', 見 Friedrich
Nietzsche, *The Will to Power*, N. Y.: Vintage Books, 1968, pp. 542-3.

預設的盲點。後者認為差異與同一的同一性所造成的不是傳統與現代的分割，而是兩者的綜合，在這個同一性的面罩之下，現代性的本質因為滿足了理性的要求反而失落了，於是，理性之外(Other)的希臘神話成為後現代批判現代性的泉源。

無疑的，兩者雖然是站在兩個完全對立的立場去批判現代性，卻有志一同地開拓出現代性的另一個面向，即以現代化為主的反省界域。那就是說，現代性不只是促成現代化的動機，也同時是它發展的結果。因為在黑格爾合理的解釋之後，現代化不再是指導人類文明邁向未來的指標，反而變成人類歷史由傳統到現代發展的結晶。因此，現代性本身包含了現代化的批判。由此觀之，現代化的批判對現代性而言，非但不是自相矛盾的，反而成為它的動力來源。更由於這個動機，現代性的問題離開了它與宗教之間在歷史脈絡上糾纏不清的關係，獨立成為一個論題[22]。

那麼，現代化的現代性究竟是如何蛻變出來的呢？在《現代性的五個面向》(Five Faces of Modernity)中，卡尼楚便是借用尼采「上帝死亡」，在浪漫主義時期與今日現代化發展中的不同意義，來劃分現代性的兩個面向[23]。誠如上述，現代性的概念是經由包括黑格爾在內的浪漫主義之孕育，才得以成

---

[22]這就是為什麼目前討論現代性的問題時，皆不提其宗教背景的問題。參見John Rundell, *Origins of Modernity*, Oxford: Polity Press, 1987; Robert Pippin, *Modernism as a Philosophical Problem*, Oxford: Basil Blackwell, 1991.

[23]Matei Calinescu, op. cit., pp. 58-68

熟。由於耶穌基督所代表的直線(linear)且不可重覆的時間
觀，完全取代了古希臘羅馬所信仰的輪迴(cyclical)時間觀，
所以，當基督徒衷心致力於朝向耶穌基督的永恒時，這個由信
仰所推動的時間之直線進行，同步展現出歷史發展的輪軸：進
步(progression)。可是，隨著傳統與現代在定義上的分裂於
時間的連續(continuity)中完成，也同時註定了此時間的結束
與斷裂(discontinuity)。

　　我們可以用帕茲(Paz)的話來表示這種諷刺與弔詭：「浪
漫主義的宗教性是反宗教的、反諷的：浪漫主義的反宗教是宗
教性的、痛苦的[24]。」當隸屬於歐洲文明的現代性，經此宗教
力量，普遍化爲現代化之際，我們也藉由上帝死亡的宣告，走
進另一個歷史的段落，即一個純然以現代化自身爲主(an end
in itself)的現代性。這麼一來，黑格爾的主體性自由不再是現
代性「不斷更新」本質的決定者。相反的，在這個新的紀元
中，它是由後者來決定的。卡尼楚因此指出，在當代的歷史發
展中，促成現代化的基督敎亦告功成身退，烏托邦(Utopia)的
理想則成爲主流。的確，不論是馬克思的共產世界，還是尼采
的頹廢主義(decadence)，他們對現代性的批判不外是基於以
下的理由來進行：

---

[24]Octavio Paz, *Children for the Mire*, Cambridge: Havard Univ. Press, 1974,
p. 23.

一方面，未來成為「歷史夢魘」的惟一出路，因為，在
烏托邦主義的眼裡，現時是腐朽、難耐的；而另一方
面，造成變遷與差異的未來，卻又被壓制在完美的自娛
之中，因為根據它的定義，它也只能重覆不斷地去否定
整個西方文化所奠基的不可逆轉之時間觀[25]。

　　這也就是為甚麼現代化的今天有如此多的對立困境。原
來，原始現代性中的道德理想性不再，充斥於其間的是種種矛
盾與弔詭。這矛盾與弔詭並非意味著淪喪的道德有待重振，而
是指此刻業已是原始現代性中道德理想實現的結果。因此，面
對當前的困境，我們不能再依據原始現代性的軌跡建立另一個
理想，相反的，誠如前衛(Avant-garde)藝術家對現代性與
現代化之間主客易位的洞見：當對過去的否定變成永恒時，對
未來的期待也就成為虛幻的[26]。

　　不過，這個以現代化為主的現代性發展，不必然是如此充
滿了後現代的氣息。當馬克思以人的類本質(essence of the
species)取代黑格爾的無限精神之際，主體性自由其實是欣欣
向榮地從原理落實在人如其所是(to be what he is)的實際工
作中。那就是說，現代性「不斷更新」的本質不是為了「向未

---

[25]M. Calinescu, op. cit., p. 66.

[26]參見 Peter Bürger, *The Theory of Avant-garde*, Minneapolis: Univ. of
Minnesota Press, 1984.

來開顯」而成爲可能，應該是倒過來看，現代性的「向未來開顯」是由於「不斷更新」的本質所致。如此顛倒地看待，似乎更能符合先前波特萊爾對現代性的定義。因爲「不斷更新」的本質不會再因爲理想的破滅而掛空，而是由資本主義生生不息的個別經濟活動所示。

這種思想上的解放，於是，不需要黑格爾哲學式的鑑定，即個人普遍道德律是否展現於倫理共同體上，而是由現實社會的實際自決(self-made)所致。這並不是說歷史的相對主義又重新復活，而是實事求是地看待此時此刻現實社會的存在事實。就馬克思的觀點而言，現實存在中的種種矛盾與弔詭不外是已經異化(alienated)的結果，可是，會有如此地自覺，實際上也已經是回到生產或勞動過程中，進行社會革命的成果。這麼一來，實事求是所成就的社會人不就是推動社會革命的人類本質，其眞諦所在嗎？[27]

四，批判現代化的現代性

這種馬克思唯物論對黑格爾唯心論的疏通，使得韋伯的「解除世界魔咒」，從社會學做爲應用科學的解釋模式中解放

---

[27]Ludwig Landgrebe, *Major Problems in Contemporary Philosophy*, N. Y.: Frederick Ungar, 1966, p. 151-2.

出來。呂維斯(Löwith)在《韋伯與馬克思》(*Max Weber and Karl Marx*)中，便一針見血地指出：

> 馬克思是要揚棄理性化世界中人存在的特殊面貌（即做為一個專家的存在），以及勞動本身的分工。而韋伯卻是要問：人自身如何在其不可避免的「片斷」存在，仍舊保留住對個人自身負責的自由[28]。

　　原來，韋伯不是不明白主體性自由對現代性的決定，可是，為了擺脫其辯証歷程的無盡輪迴，他接受這個命定。一旦接受了這個命定，他在面對主體性自由時，不得不以現代化的批判方式彰顯之。於是，主體性自由，一方面，表現在理性化作用上，喚醒我們早先對客觀意義的素樸信念；另一方面，在覺醒後，為了如其所是地決定這些意義，他把自由的目的性轉化為抉擇工具性的理性估算。這就是為什麼韋伯的自由不再是那種道德意味濃厚、井然有序的人性觀，而是不摻雜任何雜念，甚至是市儈型的精打細算。

　　事實上，一旦經由馬克思把人的類本質建立在現實社會的自決上，這種顯現在理性計算上的主體性自由，不僅不乏應然

---

[28]Karl Löwith, *Max Weber and Karl Marx*, London: Geoge Allen & Unwin, 1982, p. 58.

的層面，反而是貫穿應然與實然對立的不二法門。所以，呂維斯論道：「這個學說要求的不是取消做爲指導原則的『價值觀』與興趣，而是它們的實現，好讓我們在對它們做區分時有所根據[29]。」因爲，「科學性的自我反省，超越了專門學科素樸的實在性，卻不因此指出『應然』所在；而是告訴我們如何一貫地在可用工具中達到預期的目標[30]。」

一旦韋伯的目的理性如此重新地被詮釋，我們也不可避免地發現到：由於這種「解除世界魔咒」是全面性的，資本主義所引發的風潮(ethos)，一如馬克思的批判，乃是理性的非理性化。當我們的自由抉擇，愈是經由精確地計算發揮出來，能讓我們選擇的空間，卻受制於可實際運用的工具，而愈來愈狹小。

然而，這種理性的非理性化異於前述宗教意識下的非理性。神雖然宰制人，卻同時給與人希望，只要我們去信仰祂。此刻工具對目的的宰制乃是一種無赦的命定。韋伯稱之爲「桎梏」(iron cage)，因爲它之所以能宰制人，正來自於人之信服於理性估算。另一方面而言，這種韋伯所謂的資本主義「桎梏」亦不同於馬克思的異化。後者認爲現實社會之所以異化，只是一時被蒙蔽而已，只要自覺於此，必然可以掙脫出來；前者認爲此「桎梏」乃人之不斷自覺所成就出的層層束縛。換言

---

[29]Ibid., p. 30.
[30]Ibid., p. 32.

之，我們不是沒有自由，而是對自由不再有別的選擇。就此而言，韋伯所看待的理性之非理性，遠比人文主義觀點下的馬克思主義更爲深刻[31]。因爲，他甚至把馬克思唯物論最後所殘留的人性論，也完全濾淨了。

不過，這是否表示韋伯即後現代反人文主義(Anti-humanism)的先驅呢[32]？按照韋伯借用波特萊爾《惡之華》(*Les fleurs du mal*)做爲隱喻，在《學術做爲一種志業》(*Science as a Vocation*)所說的一段話來看：「今天，我們充其量不過是又重新認識到：一件事物之爲神聖的，非但不爲其不美所礙，並且也正是因爲其爲不美，同時唯在其爲不美的條件下，這事物才成其神聖[33]。」我們不難發現韋伯的確具有這種後現代的悲情(pathos)。

可是，就他視此爲信念倫理(ethic of conviction)，以別於責任倫理(ethic of responsibility)而言，韋伯仍舊是個現代主義者[34]。因爲，儘管人的專業性取代了完整的人性觀，人

---

[31] 人文主義的馬克思主義主要是指George Lukács, 以及其所影響的早期法蘭克福學派，前者企圖通過馬克思革命的實踐打破韋伯「物化」的箝制，以致後者致力於大眾文化的批判。參見 Max Horkheimer & Theodor W. Adorno, *Dialectic of Enlightenment*, N. Y.: Continuum, 1972.

[32] Luc Ferry & Alain Renaut, *French Philosophy of the Sixties*, Amherst: Univ. of Massachusettes Press, 1990, p. xxvi-xxix.

[33] 見錢永祥編譯，《學術與政治：韋伯選集(一)》，台北：遠流，一九九一，一五六頁。

[34] Karl Löwith, op. cit., p. 47.

的行為之建立在可用工具的結果上，仍然有其目的痕跡可循；那就是說，雖然這個目的的內容乃做為「桎梏」來源的理性估算，它畢竟還是人現實行為的客觀依據。因此，它只是實際的虛無，並非實質的虛無[35]。

五，平實與崇高的現代性

　　經由以上的分析，以現代化為主的現代性，既非做為現代化根源的現代性，亦非悲情流露的後現代，那它到底是甚麼呢？布爾曼(Berman)在《一切實在皆化為虛無》(*All that is Solid Melts into Air*)中，有如下的定義：

　　現代環境與經驗橫跨了一切意識型態的侷限：在這個意義下，現代性可以說結合了全人類。不過，這是一個弔詭的同一，一個分離的統一：它把我們丟進一個不斷分裂與更新、掙扎與矛盾、曖昧與痛苦的大漩渦之中[36]。

---

[35]Vattimo是用accomplished nihilism與reactive nihilism, 來區分實質的虛無與實際的虛無。見 Gianni Vattimo, *The End of Modernity*, Oxford: Polity Press, 1985, pp. 26-9.

[36]Marshell Berman, *All that is Solid Melts into Air*, N. Y.: Simon & Schuster, 1982, p. 15.

布爾曼於此所敘述的這段話，其靈感是取自於馬克思在
《共產黨宣言》(*Communist Manifesto*)裡，對資本主義作的
一段精闢描述：「一切實在皆化爲虛無，一切神聖皆回歸於世
俗，人最後終將要清醒地面對實際的生活條件，以及與他人的
關係[37]。」以現代化爲主的現代性，不是掛空的主體性自由如
何去落實，也不是理性思考如何去實現啓蒙的大業；它只是回
到日常生活之中，讓日常生活中的應然道理隨著大千世界的種
種變化，自然而然表現出來。此應然的道理固然有其倫理的性
格，不過，它不是顯示在規範的建立上，而是經由藝術的視野
揭露出來。換言之，其本質爲何或許與推論溝通有關，但是它
實際上是由觀賞感受所給予的。

拉許(Lash)與弗列德曼(Friedman)爲《現代性與同一
性》(*Modernity & Identity*)所做的導論中，特別將這種布爾
曼的現代主義與哈伯瑪斯的現代主義區分開來[38]。後者是一種
崇高的現代主義(a high modernism)，企圖建構一個理想的
溝通情景，表現出現代性生生不息的面貌；前者則是一種平實
的現代主義(a low modernism)，嘗試用通俗文化，讓現代性
的普遍意義自行彰顯出來。經由這個對比，現代化所造成的種
種矛盾與弔詭，就不再那麼刺耳了，一如布爾曼所述：「若說
我們的社會正走向滅亡，這不也正是表示著它現在活得好端端

---

[37] K. Marx, *The Communist Manifesto*, N. Y.: Norton, 1988, p. 58.

[38] S. Lash & J. Friedman eds., *Modernity and Identity*, Oxford: Blackwell, 1992, pp. 2-3.

的[39]？」就是這種無可救藥的樂觀主義，我們才能在現代與後現代的一片混沌爭議中，認清出現代性的本來面貌。

　　的確，就現代與後現代之間喋喋不休的爭論來看，也只有一個彼此重疊的論題才會引起如此糾纏不清的關係。然而，正因爲雙方觀點的差異，使得這個相同的論題產生不同的面貌。而如此不同的面貌非但不能因爲它們共同的論題，暗示出一條可能予以調合解決之道，反而因此加深彼此對立的緊張關係。因而對這個緊張關係的淵源所做的解讀，不能以做爲現代化根源的現代性來代表，後者受制於本質主義的模式，它的任何解釋都會取消這種對立的情景，視之爲一個附加於本質之上的偶然現象。爲了有效地說明而非取消它，後現代才從現代化爲主的現代性中找尋其根據。

　　可是，按照我們以上的分析，後者與前者並沒有本質上的差異，充其量，是一個心態上的問題；那就是說，在西方近代史的演變之中，人類因爲理性的啓蒙開啓了一條義無反顧的現代化過程，時至今日，這條現代化的道路已經是千瘡萬孔了，可是，如果理性啓蒙不是一個圓不了的夢話，我們別無選擇地憑藉著它去修正現代化過程所延伸的種種問題。或者也可以反過來說，正因爲理性啓蒙所帶來的現代化疲態百出，這正是我們應該另闢途徑以面對新的挑戰之時候了。也就是說，讓蒼老的啓蒙理性壽終正寢地安息吧，我們應該由現代化的過程用自

---

[39]M. Berman, op. cit., p. 95.

己的方式去解決它所製造出來的問題。無疑的，不論是前者由悲觀激起的樂觀進取之鬥志，還是後者因過度的樂觀而讓希望破滅的悲情，都同時包括了現代性的兩個面向。因此，不能單單把它們之間的爭論當作一個抉擇的問題等閒視之。

那麼，我們又應該如何正視呢？只有如此地看待，才能顯示出現代與後現代之間的關聯。原來，固然，現代與後現代都致力於現代性的批判，然而，兩者的依據迥然不同，前者爲了要精益求精，後者則是徹底的顛覆。可是，造成這種對立的態度的原因，對現代來說，是主體的自由抉擇，對後現代來說，是客觀必然的結果。而使得現代之所以堅持啓蒙理性的計劃，卻是因爲啓蒙理性的形上命定，後現代之所以堅持理性的反動，則由於理性本身業已啓蒙之故。就此而言，我們應該視後現代才是理性的延續，現代則是理性的結束。因爲惟有如此地解讀，才能顯示現代浴火重生的根據，以及後現代粗俗而不卑賤的緣由。不過，如此弔詭的結論只能從現代性的兩個面向來看，那就是說，現代性同時是現代化的根源與現代化的本身，否則，現代與後現代的爭論又會成爲一樁沒有交集的無謂之爭了。因爲若沒有前者提供不同選擇依據的話，所有的討論都會流於空洞無意義，只是些風馬牛不相及的爭執而已。

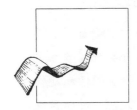

第 五 章
文藝現代性的哲學意涵
～班傑明與阿多諾的辯証

一、現代與後現代的藝術哲學觀

　　如果現代與後現代的爭論皆以現代性的批判爲主旨，而它
們之間的差異又必須透過前衛藝術來揭示，那麼，在二十世紀
的各種言說中，對這種關聯的解讀，莫過於班傑明(Benjamin)
與阿多諾(Adorno)之間的論辯了。因爲，一方面，他們關注
的議題泰半環繞在藝術領域中的現代主義上，班傑明對文學的
見解與阿多諾在音樂上的造詣，均企圖爲西方近代藝術的發展
建立一套完整的理論架構；另一方面，他們討論的內容深受馬
克思主義的影響，擺脫自康德的《第三批判》以來，一種發展
爲德國觀念論傳統所特有的掛空藝術理論，轉而結合了社會現
象與其文化特徵的描繪，嘗試爲藝術的理論架構賦與具有現實

意義的實質意涵。顯然,從這種討論的焦點與方向不難反映出現代與後現代批評現代性的兩個面向[1]。於是,用他們之間的論辯所透露的辯証過程來闡明是再恰當不過了。

然而,爲甚麼這個論辯要到半個世紀之後才引起廣泛地回響呢?原來,他們之間的論辯所涉及的問題,其複雜程度不亞於現代與後現代之間的爭論。對班傑明而言,除了現代前衛藝術與馬克思主義之外,猶太教的神秘主義也是他所關心的議題;對阿多諾而言,雖然他面對的問題與班傑明大同小異,卻是從黑格爾這個完全對立的觀點來看待。更令人錯愕不已的是這種差異性,並不妨礙他們彼此間的欣賞與相互影響。其次,所有對他們關係的考察也處於方興未艾、眾說紛紜的階段[2]。不論是從文學藝術,還是從社會理論,都沒有一個讓雙方滿意的交集可言,更遑論一個哲學義理的定論。因此,若要透過他們之間對問題的說明,來解決現代與後現代的爭論,還不如用後者釐清前者,來得更迅速有效些。事實上,就資料的整理或是理路的發展而言,現代與後現代的爭論業已超越了班傑明與阿多諾的論辯,進入一個更爲豐富且寬廣的領域。不過,單單

---

[1]所謂現代性的兩個面向,見上一章的討論。

[2]有關班傑明與阿多諾之間論辯的研究,可見Martin Jay, *The Dialectical Imagination*, London: Heinemann, 1973; Susan Buck-Morss, *The Origin of Negative Dialectics*, N. Y.: Macmillan, 1978; Eugene Lunn, *Marxism and Modernism*, Berkeley: Univ. of California Press, 1982; Perry Anderson, Rodney Livingston, and Francis Mulhern eds. *Aesthetics and Politics*, London: New Left Books, 1977.

就歷史發展的順序而言，一般認爲後者的說明對前者的釐清仍是不可或缺的。有人甚至主張前者原本就肇端於後者[3]。

那麼，我們從甚麼地方看出班傑明與阿多諾之間的論辯，與現代、後現代爭論的關聯呢？在答覆「何謂後現代？」的問題時，李歐塔(Lyotard)曾用前衛藝術的暗示(allusion)方式，說明現代與後現代之間彼此重疊卻又相互異離的複雜關係[4]。對班傑明而言，從早期巴洛克(baroque)的研究到數篇關於波特萊爾(Baudelaire)的文章，他始終致力於寓言(Allegory)的考察[5]。他之所以醉心於此，是因爲他深深以爲，自從十七世紀以來的藝術發展，並非德國古典藝術——以哥德(Goethe)爲

---

[3]Cf. Andrew Benjamin ed., *The Problems of Modernity*, London: Routledge, 1989.

[4]J.-F. Lyotard, "Answer to the Question, What is the Postmodern?' in *The Postmodern Explained*, Minneapolis: Univ. of Minnesota Press, 1992, pp. 1-16. 參見本書第三章，第五節。

[5]前者見Walter Benjamin, *The Origin of German Tragic Drama*, London: Verso, 1977. 後者包括了 "The Paris--The Capital of the Nineteenth Century,""The Paris of the Second Empire in Baudelaire," in *Charles Baudelaire*, London: Verso, 1983. 本書此後標註爲ＣＢ. 以及"Some Motifs in Baudelaire," in *Illuminations*, ed. H. Arendt, N. Y.: Schocken Books, 1969, pp. 155-200. 本書此後標註爲ＩＬ。所謂寓言是說：直接從字句去聯想，而不是由文本的先後秩序發展出其意義來；而這種隱秘性的隱喻之所以指向形式之外，是爲了要顛覆這個形式的自我設限。參見E. Lunn, op. cit., p. 244. P. Bürger, *Theory of the Avant-garde*, Minneapolis: Univ. of Minnesota Press, pp. 68-73.

例——所言：以復古的情懷去調和外在與內心世界的衝突[6]，而是在新科技的衝激下，不斷地以暗示的方式把事情自然的外衣剝去，然後，再對支離破碎的情景，用蒙太奇(montage)的手法將支離破碎的情景建構出其意義來[7]。這樣的觀點不與李歐塔的《後現代情景》有不謀而合之處嗎？

事實上，就班傑明的啓蒙背景來看，由於他早年深受象徵主義(Symbolism)薰陶，使他對寓言的運用遠比李歐塔的暗示更爲純熟與透澈[8]。我們知道李歐塔論及前衛藝術時，念念不忘其中哲學意義的涉及與闡明，好像前衛藝術只是爲其哲學義理作現實地反映[9]。然而，在班傑明的作品中，這種意識型態的殘餘則完全被濾盡了。在著名的「拱廊」(Arcades)計劃中，看不到語言之爲主體意念表象(representation)的唯心色

---

[6]Cf. Goethe, "From Winckelmann," in David Simpson ed., *The Origins of Modern Critical Thought: German Aesthetic and Literary Criticism from Lessing to Hegel*, Cambridge: Cambridge Univ. Press, 1988, pp. 284-5. 參見本書第三章註38；與第四章註9。

[7]蒙太奇是指現代藝術的一種同時並置的手法，它把傳統藝術視爲當然的時間連續性打破，讓過去、現在與未來的客觀時間同時在內心時間的片刻中共現。參見Sergi Eisenstein, *The Film Form and Film Sense*, N. Y.: Meridian, 1957; E. Lunn, op. cit., pp. 35-6; P. Bürger, *Theory of the Avant-garde*, op. cit., pp. 73-82.

[8]象徵主義是指十九世紀八十年代，由Baudelaire, Rimbaud, Verlaine等人所發展出來的看法。他們認爲詩的語言要盡可能地遠離其推論與指涉的功能，因而大量地使用隱喻、非模仿性語言的技巧。班傑明受其影響可見E. Lunn, ibid., pp. 174-6.

[9]J.-F. Lyotard, "The Sublime and the Avant-garde," in A. Benjamin ed., *The Lyotard Reader*, op. cit., pp. 196-211. 參見本書第三章，第五節。

彩，他直接就謎樣的對象給予隱喻性的疏通，也看不到做為義
理與現實之間中介的唯物史觀，他直接從對象的並置共鳴中凸
顯出其社會歷史意義來[10]。可以說，布爾曼(Berman)所倡言的
平實現代主義在這個方式下獲得其理路上應有的根據[11]。

　　不過，也正因爲這個緣故，它引起具有強烈思辯性格的阿
多諾不滿與質疑。針對班傑明的〈機械複製時代中的藝術品〉
(The Work of Art in the Age of Mechanical
Reproduction)[12]，阿多諾同意班傑明對新科技造成傳統文化
藝術氣氛(aura)解體的描繪。但是，他不認爲這其中的意涵是
完全的；相反的，他認爲其正面的價值只有當這個摧毀藝術氣
息的新科技完全殆盡之後，才得以呈現出來。而這不外是藝術
氣氛內在辯証的結果[13]。此批判和哈伯瑪斯(Habermas)的崇高
現代主義看法是否一致的？就哈伯瑪斯對阿多諾的批評而言，

---

[10]Wlater Benjamin, *Gesammelte Schriften*, vol. V: *Das Passagen-Werk*, ed.
Rolf Tiedemann, Frankfurt am Main: Suhrkamp Verlag, 1982. Cf. Susan
Buck-Morss, *The Dialectics of Seeing*, Cambridge: The MIT Press, 1989;
David Frisby, *Fragments of Modernity*, Oxford: Polity Pres, 1985, pp. 187-
207

[11]Marshall Berman, *All That is Solid Melts into Air*, op. cit. 對其平實現代主義
(Low Modernism)的解釋，參見本書第四章，第五、六節。

[12]Walter Benjamin, "The Work of Art in the Age of Mechanical Reproduc-
tion," in Ｉ Ｌ, pp. 217-51.

[13]T. W. Adorno, *Aesthetic Theory*, London: Routledge & Kegan Paul, 1984,
p. 337.

這其中的關係並非表面上看來那麼單純[14]。

二、阿多諾的音樂哲學

那麼,阿多諾意味的究竟是甚麼呢?光從他對班傑明的批評來看,的確,很難讓人不聯想到哈伯瑪斯對李歐塔的反駁,即,一種崇高現代主義的表現[15]。不過,用這種過於唯心論的進入方式來看待阿多諾,會喪失其一貫佛洛伊德-馬克思主義者(Freudo-Marxist)的批判特色[16]。因此,我們不如直接先從他的《社會音樂學導論》(*Introduction to the Sociology of Music*)來處理,這樣或許更能表現其獨特的風格與用心所在。至少,龍恩(Lunn)亦有此見:惟獨從這個藝術的角度,不僅能有效地勾劃出阿多諾著重的時間連續性,與班傑明強調的空間並置所造成的差異;更能從德、奧音樂傳統,那種經由個人主體所披露的社會現實之意涵,彰顯阿多諾內在反思型的馬克思主義[17]。由此觀之,阿多諾對爵士樂(Jazz)根深蒂固的成見與

---

[14]J. Habermas, *Philosophical-Political Profiles*, Cambridge: The MIT Press, 1983, p. 109-10.

[15]J. Habermas, *The Philosophical Discourse of Modernity*, op. cit., pp. 106-30. 參見本書第三章,第三節。

[16]Cf. Martin Jay, *Adorno*, Cambridge: Harvard Univ. Press, pp. 82-110.

[17]E. Lunn, op. cit., p. 256-7.

對美國文化工業(culture industry)無情的排斥,也就不那麼突兀了。原來,阿多諾不像大家所講的那樣,一味站在文化本位的立場歧視不同的文化;其實,他要表達的是批判否定(critical negation)與肯定調合(affirmative reconciliation)之間相互中介(mediation)的辯証關係。他相信惟有這種跨越了唯物辯証與唯心辯証若即若離的關係,才能眞正一勞永逸地脫離意識型態的復辟。

如何表達此非唯心亦非唯物的辯証關係,於是,成爲他處理音樂社會學的主旨。簡言之,他認爲任何一件音樂作品都是企圖透過其內在邏輯結構,表現出一種烏托邦式的希望,同時又離不開它所反對的社會整體加諸在它身上的壓迫。在這個主題下,雖然阿多諾一反馬克思主義下層結構影響上層結構的理念,回歸於黑格爾的理性辯証;但是,這不表示他用心中的理念去衡量外在的現實,而是由音樂的微觀世界來反映現實中的種種矛盾現象。就此而言,阿多諾較班傑明的馬克思主義更具有後現代的悲情。然而,這種對馬克思主義的解讀方式固然突顯了結構性的實際矛盾,但我們是否就因此斷定出阿多諾的後現代性格,仍有待商榷。無論如何,他之崇尙貝多芬(Beethoven)的中期作品,並視爲歐洲中產階級質變爲革命性的世界主義之具體實現,光就這點而言,他是無法脫離盧卡奇(Lukács)那種對哥德古典主義懷舊的色彩[18]。那麼,阿多諾扮

---

[18]T. W. Adorno, *Introduction to the Sociology of Music*, N. Y.: Continuum, 1976, pp. 62-3. 盧卡奇的懷舊復古,可見 Georg Lukács, *The Theory of the*

演的角色到底是甚麼？還是要回到他對班傑明的批判去看。

在〈機械複製時代中的藝術品〉中，班傑明認爲新科技開啓的變局之所以未完成，是因爲法西斯主義把科技帶來的政治情景美化了；相對於此，他跟從布列希特(Brecht)的步調，主張只有共產主義將藝術政治化，才能挽救於斯。【ＩＬ，二四一～二頁】可是，阿多諾認爲解決資本主義中勞動分工的異化(alienated)結果，在於藝術將如何自律地把前衛藝術的異化產物，與產生此情景的自由意識並置。相反的，若只是簡單地使藝術政治化，會讓藝術服膺於使用價值(use-value)，而抹煞了眞正使其進步與超越的種子[19]。

對照上述我們對班傑明的解釋，不難看出阿多諾此地所爲，若不是意識型態的復辟，就必須同樣地被視爲一種寓言式的考察。這可以用他對貝多芬音樂進一步地解析來佐証。乍看之下，他用的不外是黑格爾(Hegel)的辯証邏輯，即，一方面，自對象中推出主體，另一方面，又同時從主體中推出對象；可是，當黑格爾歷史辯証所奠基的自然事實，素樸地被抽離於辯証整體之外，阿多諾於此則將它扭轉爲貝多芬音樂對社會的解讀：「做爲一種社會勞動意象的辯証發展絕對是消極的；一旦它被設定出來，就不斷地推陳出新，並在其直接性，

Novel, Cambridge: The MIT Press, 1971, p. 29

[19]Adorno to Benjamin, 18 March 1976, in P. Anderson, R. Livingston, & F. Mulhern eds., *Aesthetics and Politics*, op. cit., pp. 120-6.

似自然形式的消解中發揚光大[20]。」

　　一旦這個隱藏在批判理論背後的藝術動機被揭曉之後，我們才能理解，在眾多現代藝術流派中，爲甚麼阿多諾一直對德國的表現主義(Expressionism)情有獨鍾[21]。的確，荀柏格(Schönberg)便是借由他如何自對象箝制中離異出來的手法，來抗議表現主體的宰制；而阿多諾以爲，這正是貝多芬晚年所發現到，其早先致力的主客合一不過是南柯一夢之覺醒[22]。隨之而起的舒伯特(Schubert)與舒曼(Schumann)浪漫時期音樂，則正式宣告古典主義辯証生命的死亡。這意味著自文藝復興以降，人類樂觀進取的理性啓蒙破滅了。取而代之的，是華格納(Wagner)那神秘且具有強制性的原始衝動之一再重覆，或是德布西(Debussy)對表現主體殘餘的徹底絕望，所轉而寄情於非人格的空間印象主義(impressionism)[23]。

　　固然，這些都是荀柏格所要抗議的僵化主體之空洞與虛假。不過，根據阿多諾在《現代音樂哲學》(*Philosophy of Modern Music*)的分析，荀柏格並沒有因此棄絕於表現主體，只不過是將它轉化爲從和諧解放到不和諧的運用之中；那就是說，主體對未來的絕望所引發的焦慮不安，必須透過客觀的音

---

[20]T. W. Adorno, *Introduction to the Sociology of Music*, op. cit., p. 210.

[21]Cf. E. Lunn, op. cit., pp. 261-7.

[22]T. W. Adorno, "Alienated Masterpiece: The Missa Solemnis," *Telos*, 28, Summer/1976, p. 123.

[23]E. Lunn, op. cit., pp. 260-1.

樂結構來體現。而這種荀柏格以主體的表現直接說明表現主體
的手法，在阿多諾的微觀細部分析(micrological analysis)
下，產生迥然不同於華格納或印象主義音樂的意涵。雖然就客
觀的音樂形式而言，他們之間沒有甚麼強烈的差別，可是，荀
柏格的手法爲了有效地揭示內在痛苦的外在形式，從而經由社
會整體中各個部分的協調，以求適當的表現，儘管這個表現的
內容看起來十分不和諧。而這和它所依附的實際反映出來之客
觀音樂形式，當然是不一樣的：

> 這種知識根植於音樂本身的表現實體上。音樂真正要捕
> 捉的就是人們無法改變的痛苦。這種無力感不斷地加
> 強，最後導致幻想與遊樂都變為無能的。這種矛盾的衝
> 動，荀柏格音樂之意下顯然是指性欲的源起，擔負起在
> 音樂中那種讓人能夠具體考察的力量，即，一種不再讓
> 音樂單純撫慰人心的力量[24]。

顯然，這種荀柏格表現主義所透露的獨特意涵，無非就是阿多
諾一心所要表達的，一種非唯心亦非唯物辯証關係的客觀依
據：

---

[24]T. W. Adorno, *Philosophy of Modern Music*, London: Sheed & Ward, 1973, pp. 41-2. 本書此後標註爲 P M M。

表現主義的音樂十分忠實地詮釋傳統浪漫主義音樂中所
涵蓋的表現原理，以致它能夠具體地被考察到。一旦如
此，（反而）造成一種突變。具體表現出來的音樂不再
是『表情豐富』的了。枯竭的表情在不可測的距離下佔
據了音樂，這使得音樂中無限的光輝隨之逝去。一旦音
樂所要表現的被清清楚楚地界定為其主體內容，這個內
容在作曲力量的籠罩之下為之僵化，（這麼一來），那
個被音樂的純粹表現性格否定其存在的客觀成分，亦為
之彰顯。（換言之），在其具體考察的對象處理之中，
音樂本身變成『客觀實然』。就在這種表現的爆發之
際，主體的夢想以及一切相隨的因襲也為之破碎。【Ｐ
ＭＭ，四九～五十頁】

三、阿多諾的現代思維

　　無疑的，就現代與後現代的爭論而言，阿多諾藉由荀柏格
的音樂表達出來的，也就是李歐塔回溯康德《第三批判》引以
為據的苦中生樂之感[25]。相對於古典或浪漫時期浮華、裝飾性
的音樂，荀柏格孜孜於拒絕對一切緊張情勢做疏通的不和諧
(dissonance)表達。【ＰＭＭ，五八～九頁】阿多諾認為此舉

---

[25]J.-F. Lyotard, "Answer to the Question, What is the Postmodern," *op. cit.*,
p. 10.

具有深遠的知性意涵。就現代音樂而言，表面上其主旨是大化
流行的和諧局面，骨子裡卻是醜陋與恐怖的現實寫照。經由這
種知性上的疏解，我們才能夠突破種種對幻念的依戀，從而面
對痛苦萬分卻真實無比的現實存在。事實上，惟獨這種萬念俱
滅的誠實對待，才能產生極樂世界的嚮往。換言之，就像李歐
塔對崇高所做的分析：對不可名狀客觀情事的捕捉，不在於主
體完全掌握到客觀對象時所成就的充實感，而是透過欲振乏力
的感慨所引起的歡愉之情流露出來的[26]。

　　不過，在這裡，阿多諾運用知性的否定辯証(negative
dialectics)方式來表達這種類似崇高之為美的議題，他的企圖
心比李歐塔的更大。因為如此屬實的話，一切宗教性的玄思冥
想及其可能的暗渡陳倉都被杜絕了。而阿多諾之所以認為這種
努力不是一種妄想，在於荀柏格以「十二音技法」(twelve-
tone)打破了和諧的秩序，重新注入不和諧的「複音」
(polyphony)。並認為惟有在這個重新組合下，貝多芬始終揮
不去的主體自由，其所造成的陰影才真正得以解體。

　　這麼一來，真正代表現代音樂的，不是華格納或印象主
義，而是荀柏格的表現主義。畢竟，就前者的音樂而言，他們
對現實情景的混亂與不安所做的描繪，是以主體的感受為著眼
點，所以當他們用音樂技巧的本身來創造反映此情景新的客觀
結構時，會造成一種混淆：分不清這個客觀結構究竟是現實情

---

[26]J.-F. Lyotard, ibid., p. 11. 進一步的分析，見本書第三章，第五節。

景的寫照，還只是反映了表現主體的內涵。

　　相反的，荀柏格放棄了這種音樂主體的拯救，視現實的混亂與不安就是眞理本身的否定形式，所以才能經由不和諧的「複音」技巧把主體旋律的感受辯証地消解於晦澀的客觀實在之中，讓音樂的邏輯本身充分顯示出理性的社會整體所帶來的壓迫。當阿多諾進一步解析荀柏格這種突破的肇因時，他甚至評論道：「這些作品的成功之處就在其失敗之處。（不過），那不是指作曲家作品的失敗；而是指歷史背棄了作品本身。」【ＰＭＭ，九九頁】如此看來，阿多諾的後現代性格可以說是不言而喻了。可是，就在這特色呼之欲出之際，我們卻同時發現到在同一本著作中，他對史特拉汶斯基(Stravinsky)大加撻伐，使我們不得不對這個結論再做一次保留。

　　史特拉汶斯基音樂要表現的又是甚麼？一般而言，他表達的正是荀柏格爲了突破表現主體的內在枷鎖，所極欲成就出的，一種更加完滿的新客觀性。就他與新紀實運動(Neue Sachlichkeit)相互呼應的關係而言[27]，史特拉汶斯基其實要比荀柏格更具後現代色彩，因爲其音樂流露出來的喜悅之情完全擺脫了表現主體的混淆，並且是透過新科技的肯定，順應於現實社會的壓迫。用李歐塔的話來說，這才是眞正的苦中作樂。那麼，爲甚麼阿多諾在同情地肯定荀柏格之餘，卻對史特拉汶斯基有如此截然不同的看待呢？

---

[27]E. Lunn, op. cit., p. 203.

這要從他對史特拉汶斯基《春之祭》(*Le Sacre du Printemps*)的批判來看，阿多諾視這種順從爲一種歷史的倒退，回到史前時代，就像原始民族對圖騰的犧牲而集體慶祝一般，那種音樂所表達的韻律其實是對文明的反彈，具有強烈受虐狂的變態成分。【ＰＭＭ，一四五～八、一五六～九頁】由此觀之，他顯然不同意李歐塔從土著文化找尋社會合法性的方式[28]。這和他先前對班傑明與隨後對文化的批判立場是一貫的。論及爵士樂時，他無法領略到爵士歌手自由奔放的質樸感，不了解他們如何會從整齊畫一的和音中解放出來，反而視之爲一種奴性受虐的象徵。在這個解釋下，爵士樂的狂熱不是一種掙脫束縛的歡愉，而是一種憂心忡忡所造成的歇斯底里。所以，當爵士樂響起，我們不是靜靜地聆聽，而是隨著節奏舞動著[29]。

這種常見的古典音樂對流行音樂之批判，一旦結合了馬克思主義的異化論，就成爲阿多諾文化批判的利器。當我們把爵士樂宏觀爲文化活動時，音樂的流行可以被解釋爲受到市場機制的宰制所致，音樂本身的整體時間結構因此被切割爲廣告的片段，做爲熱門的商品供應消費大眾的需要。而就在這個大眾文化被廣告恣意掠奪之際，內心精神的平靜變成一種假象，那只是購買貨品時刹那間滿足的快感，它揮不去下一刻等待的空

---

[28]J.-F. Lyotard, *The Postmodern Condition*, op. cit., p. 18-23.

[29]Cf. T. W. Adorno, "Perennial Fashion--Jazz," in *Prisms*, Cambridge: The MIT Press, 1981, pp. 121-32.

虛與焦慮[30]。

根據這條音樂本質到文化工業發展的線索，我們不難回溯出阿多諾的緣由。原來，當不和諧的技巧表現出和諧以外的秩序時，阿多諾認為我們不能因為客觀依據的要求，一如二十世紀的中產階級般，自滿於現有的成就，並將如此形成的時間歷史過程揚棄，改用空間並置的方式，以尋求其烏托邦理想的安慰。【ＰＭＭ，一九四～五頁】這不僅是一種本末倒置的錯誤，更是一種過河拆橋的做法：「音樂的直接素材不是源自於其自身的動力...這將導致音樂的時間連續性自身之瓦解。」【ＰＭＭ，一八七頁】在這裡，我們再度嗅及哈伯瑪斯道德理想的氣息。無疑的，它和後現代大相逕庭。那麼，我們又如何讓阿多諾與上述的後現代性格自圓其說呢？

四、班傑明的大眾文化觀

答覆這個非常棘手卻又重要無比的問題，就務必要回到與阿多諾論辯中的另一方——班傑明——去看。二十世紀後資本主義社會所發展出來的文化工業，究竟代表著西方文化的沒落？還是十九世紀崇高文化的具體實現？面對同樣一般的現實

---

[30]Cf. T. W. Adorno, "On the Fetish Character in Music and the Regression of Listening," in *The Cultural Industry*, London: Routledge, 1991, pp. 26-52.

處境時，班傑明描述波特萊爾所遭遇的十九世紀中葉資本主義
首善之都——巴黎——和阿多諾對文化工業的批判則有天壤之
別：「這些（新舊交接之際所帶來的）印象全屬理想，一切對
它們的努力不僅要改變，更要超越社會產物的幼稚與社會生產
秩序的匱乏。」【ＣＢ，一五九頁】

　　就此而言，相較於阿多諾論文化工業時所流露的悲觀色
彩，班傑明更具有馬克思主義的熱情。因爲，前者非唯心亦非
唯物的辯証主旨，使他無法以一個所化約出來的理想來解釋現
實的變化；那種若即若離關係的終極基礎乃非統一的(non-
identity)[31]。相反的，後者以爲儘管新潮(nouveauté)是使資
本主義社會異化的罪惡淵源，但它同時也是最高價值的所在。
因此，就共產社會的理想而言，阿多諾不奢望它的存在，卻也
不妄自菲薄地不加批判；班傑明則不然，他認同它的存在，可
是，正因爲它的存在事實，我們不得不進一步超越之。所以，
當阿多諾的文化批判一再指責資本主義社會中的商品拜物教
(Fetishism)，在班傑明的眼裡，這實在是大驚小怪。

　　以波特萊爾爲例：他從巴黎如實的情景中編織出如畫的詩
篇，可是，仍然要爲他的詩到市場上找買主。【ＣＢ，五五～
六一頁】換個角度來看，我們可以說，這本來就沒有甚麼好寄
望的，所以也不曾有甚麼強烈的失落感。這種恬淡認命的心態
卻是阿多諾的馬克思主義所缺少的。這固然是因爲阿多諾對無

---

[31]T. W. Adorno, *Negative Dialectics*, N. Y.: Continuum, 1973, p. 5.

產階級做為革命的代言人失去信心，更重要的是由於資本主義
的高度發展顯示著整個社會無止境互動的複雜性，業已非單純
下層結構的階級鬥爭可窮盡之[32]。可是，班傑明認為，正因為
這個緣故，唯物辯証才能成為實然的根據[33]。於是，他藉此深
入到波特萊爾現代人的心境中，洞悉現代生活的本質。那就是
說，為了討生活，現代人不得不把自己，包括信念與人格在
內，出賣給生活上所需要扮演的各種不同角色；然而，即便如
此，他仍然可以花言巧語地把這一切行徑掩飾住。【ＣＢ，八
十、九七～八頁】

　　無疑的，班傑明這種用隱喻手法所透視出來的波特萊爾，
比起阿多諾藝術性的唯物分析更加唯物，因為，他用超寫實主
義(Surrealism)的蒙太奇方式，不僅揭示出當時的社會現實情
景，甚至把波特萊爾的想像也活生生地披露出來。事實上，惟
獨如此，我們才會有莊生夢蝶還是蝶夢莊生所暗示的虛虛實實
之歎。而這種藝術與現實存在之間距離的消失，班傑明認為，
是基於大都會裡的眾生百態所致，非對其批判所示：

　　　新潮樹立了楷模，藉此，對商品的盲從達於極致，萬國
　　　博覽會將流行的宰制延伸到日常生活，以及宇宙萬物之

---

[32] Cf. Martin Jay, *Dialectical Imagination*, London: Heinemann, pp. 52-6.
[33] W. Benjamin, "Eduard Fuchs: Collector and Historian," in *One Way Street and Other Writings*, London: Verso, 1979, p. 355.

中。就當它發展到淋漓盡致之際，其本性亦充分表露無
遺。它屹立在相對於生命的另一個端倪而不搖。把無限
的生機出賣給無情的大地。對一切生命而言，它（於
是）表現出行屍走肉的正當性。（由此），商品拜物教
克服了死氣沈沈的吸引力，成為大化流行的生命中樞，
商品的氾濫只不過是將它發揚光大罷了。【ＣＢ，一六
六頁】

　　然而，這種現實中的超現實意涵將如何擺脫其神秘色彩濃
厚的兩面性(Janus-face)？這正是阿多諾耿耿於懷的批判焦點
所在[34]。如果班傑明始終避而不談，會不會墮入一種反理性的
情結中呢？芭蔻摩絲(Buck-Morss)針對上述班傑明與阿多諾
所表現不同馬克思主義色彩的對比，提出了一個一針見血切入
點：政治面的考量[35]。

　　原來，班傑明的熱情源自於無產階級爲了克服商品拜物教
實際上所採取的革命行動，而他對現代生活的釋懷則是基於馬
克思的實証精神。相對於前述阿多諾輕視大眾文化，強調思辯
性的說明，我們可以明確地看出班傑明側重於馬克思主義政治
態度的積極取向(affirmation)，阿多諾則固守於馬克思主義批

[34]Adorno to Benjamin, November 10, 1938, in P. Anderson, R. Livingston &
F. Mulhern eds., *Aesthetics and Politics*, op. cit., p. 126-33.
[35]Susan Buck-Morss, *The Origin of Negative Dialectics*, op. cit., p. 145.

判哲學的消極立場(negation)。就馬克思本身的理論而言，這種內部的對立未必是一種思路上的困境，也可以視之爲回歸現實的動因[36]。因此，我們不能單單就這論理上的矛盾，視班傑明與阿多諾之間的差異，爲彼此在解釋馬克思主義時的誤解，或是對馬克思思想的兩難，擇一所做的價值取向。如此素樸地詮釋將陷兩者於不義爲機會主義者，或是導致意識型態復辟眞正的罪魁禍首。事實上，兩者所抗拒的正是這種對馬克思主義錯誤的詮釋。

　　可是，促成他們這種超越古典詮釋的根據又何在，特別就班傑明面對阿多諾的指責而言？這要回到班傑明一直割捨不掉的宗教說明來看待：

真正對宗教的說明，或是超越它，絕對不在於麻痺人心。而在世俗的啓明上，一種唯物論、人性論上的啓發。大麻、鴉片、或任何此類之物均可做為這種啓發的引線。（不過，除了嚴格的宗教之外，這些都太危險了）[37]。

---

[36]馬克思在〈論費爾巴哈〉第二節，曾提到：「有關客觀眞理是否能歸屬於人的思想這個問題，不是一個理論的問題，而是一個實踐的問題。」Karl Marx & Frederick Engels, *The German Ideology*, ed. C. J. Arthur, op. cit., p. 121.

[37]W. Benjamin, *Reflections*, ed. P. Demetz, N. Y.: Harcourt Brace Jovanovich, 1978, p. 179.

五、班傑明的後現代啓明

眾所周知，班傑明的宗教情操遠非同樣具有猶太血統的阿多諾可比擬，可是，就他拒絕了舒隆(Scholem)的邀請一同投入於宗教活動來看[38]，他也不是狂熱的宗教份子。班傑明的宗教說明乃是把它轉化爲一種世俗的啓明(profane illumination)，做爲推動一切創作的泉源。關於這個轉化，我們不妨用韋伯(Weber)的社會學解釋方式，對比班傑明的世俗啓明，以闡明其現實中超現實的意涵。那就是說，韋伯解釋資本主義社會的興起，是由於基督徒爲了堅定自己虔誠的宗教信仰，從而用心於世俗文化的建構所實現的[39]。

相對於這種宏觀的角度，班傑明則以微觀的方式看待馬克思主義，來揭露隱藏在現實中的超現實成分：透過當下的改造以達到對已逝的救贖，而這其中的改造與救贖是彼此環環相扣的。【ＩＬ，二五五頁】此微觀的方式，即超寫實主義的隱喻手法：用含意艱澀的字句先讓讀者附身於讀後所引發的玄思遐想中，然後，再借助於字句的表達，使淺顯易見的對象直接將其意涵透露給我們。

---

[38]Cf. S. Buck-Morss, op. cit., p. 6.

[39]Cf. Max Weber, *The Protestant Ethics and the Spirit of Capitalism*, op. cit., 詳見本書第四章，第一節。

　　這不就是李歐塔論後現代時一再強調的暗示手法嗎！的確，相應於李歐塔苦中作樂的主題，班傑明的世俗啓明不外是從死亡的陰影中察覺出希望的光明所在。這就爲甚麼他的宗教情操非但不曾阻礙他對現代生活的眷顧，反而有助於他對阿多諾盲點的超越。超寫實主義的隱喻其實就是對日常生活經驗中的異化事物，不論是異化者還是被異化物，進行內在的顚覆，以便在其社會用途中加以轉化，再從轉化中解放出來。因此，班傑明的宗教情操所期待的救贖，顯然不在彼岸，也不在心中，而是一如李歐塔的樂從苦中生，就在現實生活中。

　　職是之故，隱喻讓我們從不同的角度細觀對象，當這種蒙太奇式地拉開距離之後，一切熟悉的事物立即爲之陌生；可是，就在此陌生之中，我們卻經由藝術的展現所帶來的目眩神搖，體認到油然而生的歡愉之情。這種對稍縱即逝之瞬間所做的隱喻，突破了近代直線型時間觀對傳統和諧典範的仰賴，把彼岸與此岸、已逝與當下結合在一個不同未來的空間上，徹底回到上述對現代生活的現實寫照裡。就此而言，班傑明比起阿多諾非唯心亦非唯物的辯証關係，更能夠凸顯與李歐塔同質的後現代性格。因此，當班傑明，一如李歐塔般，進一步地從普魯斯特(Proust)的文學作品中來找其靈感的實然依據，也就不足以爲奇了。

　　針對普魯斯特的《追憶似水年華》(*A la recherche du temps perdu*)這套經典之作，【ＩＬ，二○一頁】班傑明認爲他就是爲了要把瞬間，這個由預定模式所構成的時序，排除於

現實之外，轉向綜合經驗的回憶活動中；因而找出一種空間性的、或時間上可以迴旋的無意識記憶(involuntary memory)，做爲現實中超現實意涵的實然依據[40]。這種無意識記憶之所以能夠做爲一切隱喻、暗示的實然依據，是因爲它不同於一般我們意識中的記憶，而是直接來自於偶然相逢的對象、經驗、甚至於風味之類等虛無縹緲，卻又比具體事物更要眞實的存在事實。所以，它對已逝的追憶比起意識中的記憶更爲寬廣與豐富，且不失其客觀性。也因此，班傑明可以避開阿多諾非統一性思辯上的盲點，直指波特萊爾所界定的現代生活的本質：「變化多端、無常的，它是藝術的一部分，另一半則是永恆不朽的[41]。」

那就是說，誠然，在現代都會生活環境的衝擊下，人們的官能不斷地受到各種不同的刺激，以致片段的經驗(Erlebnis)取代了恆常的經驗(Erfahrung)，並使得階級意識被物化爲烏合之眾。可是，我們若要抗拒這種無意義空洞瞬間的侵蝕，不能像阿多諾那般執著於理性的統合，而是透過無意識記憶，以一種洩憤的方式，把瞬間赤裸裸地呈現出來。換言之，我們之所以能夠藉此契合於無常的永恆，則是基於無意識記憶所表達

---

[40]班傑明在此特別引用普魯斯特的話說明：「（那業已逝去的），非理智所能挽回，可是，它卻清清楚楚地呈現在物質對象上，（或是在這種對象所擽起的感覺中），儘管我們不知爲何物。」W. Benjamin, *Illuminations*, op. cit., p. 158.

[41]Charles Baudelaire, *The Painter of Modern Life and Other Essays*, ed. Johanthan Mayne, op. cit., p. 13.

的，一種在氣氛中發生的互為主體(intersubjective)作用：
「當我們看一個人，或這個人感到被人注視，他就會回頭看我
們。（的確），去捕捉我們看到的東西所流露出來的氣氛，便
是讓它有能力回顧於我們。」【ＩＬ，一八八頁】

可是，這種惟獨無意識的記憶才能顯示的綜合能力，實際
上是如何被証明為普遍有效的呢？我們之前曾提過，當新科技
的遠景被現實的生產關係打破時，班傑明反對法西斯主義將政
治情景予以美化，因而採取布列希特的藝術政治化與之抗衡。
現在，若普魯斯特的無意識記憶能夠把已逝的過去從所發生的
脈絡中抽離出來，重新安置在後來的情景中，班傑明是否會因
此將已逝與當下的環環相扣，與法西斯主義對政治情景的美化
混同一塊，以致它消滅了馬克思主義藝術政治化的客觀意義？
至少，阿多諾始終有此憂慮。班傑明自己也坦承普魯斯特象徵
主義的非政治性立場，使得隱喻的落實大費周章。【ＣＢ，七
一頁】怎麼消解這之間的落差，便成為班傑明的主旨。

面對阿多諾的指責，除了用普魯斯特的無意識記憶，使其
彌賽亞(messianic)式的烏托邦理解予以落實之外，他同時必
須倒過頭來，對普魯斯特所代表的純藝術(l'art pour l'art)進
行批判性的社會分析[42]。只有經由這個普遍化的檢証步驟，才
能使他對超寫實主義的理論建構得以確立。龍恩對此有一段精
闢的見解：「正當象徵主義要用隱喻的方式形成一種帶有憂鬱

---

[42]W. Benjamin, *Reflections*, op. cit., p. 190-1.

的美時，超寫實主義則用蒙太奇的手法達到驚世駭俗的效果，
而它要比象徵主義的作品，更能強而有力地顛覆藝術之倡言一
個活生生或『獨立自主的世界』[43]。」這個與阿多諾的內在批
判完全對立之內外對置，使我們不由地想起李歐塔對普魯斯特
與喬艾思(Joyce)所作之對比：前者的憂鬱與後者的新穎構成
後現代前衛藝術的主軸[44]。

　　的確，由超寫實主義來鋪展馬克思主義政治的積極面，可
以遠離一切的道德教條或幼稚的樂天派，包括布列希特在內，
但又不會因此染上浪漫的封建餘毒，就像阿多諾時常被人所詬
病一般。對班傑明來說，若要在理論上跨越唯心與唯物的鴻
溝，不是腦子裡想出一個非唯心亦非唯物的辯証法子就能夠解
決的。相反的，班傑明認為只有用馬克思主義藝術政治化的落
實，才能凸顯超寫實主義的理論依據。所以，他回到布列希特
史詩劇場(Epic theatre)，直接用藝術政治化來表現超寫實主
義理論的普遍意義：

　　　把演員與觀眾隔開的無底通道就像是生離死別，它默默
　　　地提昇了劇中（演員）的崇高氣氛，（亦因觀眾）對它
　　　的認同，加深了他們在劇中的陶冶狀態。在所有舞台的

---

[43]E. Lunn, op. cit., p. 248.

[44]J.-F. Lyotard, "Answer to the Question, What is the Postmodern?" op. cit.,
p. 13.

各項因素中，溝道的神聖不可侵犯是最清楚不過的了。可是，這個意義正不斷的在消退之中。舞台（於是）昇華了。然而，那不是由一個測不到底的深淵所致，而是由於它變成一個公共舞台之故[45]。

六、藝術取代了哲學

然而，這個解釋會不會與先前的說明相互牴觸？那就是說，原來，班傑明與阿多諾之間的差異亦即布爾曼的平實現代主義與哈伯瑪斯崇高現代主義之別。所以，就像布爾曼安於現代生活的一切現象，哈伯瑪斯著重於其未竟之處的批判[46]，班傑明留在現實面看待其超寫實的成分，阿多諾則爲外在的客觀形式提供內在的說明。可是，就我們已經分析這種差異的形成而言，班傑明與阿多諾均以藝術現代性爲己任，顯然不離布爾曼的平實現代主義這個出發點。

於是，對我們關心的主題，現代與後現代之爭對現代性理論的重建而言，到目前爲止，仍然無法就班傑明與阿多諾的差異，解釋何以哈伯瑪斯會按照重建的啓蒙理性予以消極的回應，而李歐塔則以現代生活中的啓蒙理性做如實地積極表達。

---

[45]W. Benjamin, *Understanding Brecht*, London: Verso, 1973, p. 22.
[46]參見本書第四章，第五節。

因此，我們必須進一步地從 “爲甚麼這些無關乎古典主義崇尙的崇高文化(haute bourgeoisie)” 之角度，說明哈伯瑪斯不得不從相對的角度從事於批判的工作，而李歐塔也必須由相同的面向進行解構的說明。

從這個問題回顧班傑明與阿多諾之間的論辯，不難看出阿多諾非唯心亦非唯物的辯証，充其量，亦只表現出現代性浴火重生的極致；無論如何，它不能等同於後現代粗俗而不卑賤的看待。至少，班傑明的現實中超寫實之意涵証明了這點。不過，也因爲如此，對我們嘗試去釐清的現代與後現代爭論而言，証實了這個最後也是最深刻的問題：班傑明隱喻或暗示的必然性何在？爲甚麼阿多諾，甚至包括哈伯瑪斯在內，一直都無法體會到呢[47]？答覆這個問題，就必須回到班傑明的世俗啓明去看。

在〈歷史哲學論綱〉(Theses on the Philosophy of History)中，班傑明嚴格地區分歷史時間觀與彌賽亞時間觀之別。【ⅠL，二六一頁】前者是同質的，因此可以自然而然地

---

[47]哈伯瑪斯未曾忽視班傑明的看法，參見 J. Habermas, "Walter Benjamin: Consciousness-Raising or Rescuing Critique," in *Philosophical-Political Profiles*, op. cit., pp. 131-65.; "Excursus on Benjamin's Theses on the Philosophy of History," in *The Philosophical Discourse of Modernity*, op. cit., pp. 11-6. 不過，根據Jay的意見，哈伯瑪斯的立場與藝術的現代性相去甚遠，Martin Jay, "Habermas and Modernism," in R. J. Bernstein ed., *Habermas and Modernity*, op. cit., pp. 125-39

演進爲直線性的連續；後者則是革命性地跳躍，經由每一刻當
下(Jetztzeit)所貫穿出來的。這兩者的區分一如一般自然時間
與人文歷史的劃分，不過，構成這種差異的本質，班傑明卻有
一個截然不同的看法：「每一刻當下都是彌賽亞可能降臨的窄
門。」【ⅠL，二六四頁】這是甚麼意思？他的解釋是說：

> 過去不曾光照現在，現在亦不曾啓明過去，而是已逝的
> 過去(das Gewesene)與當下的現在(das Jetzt)彼
> 此環環相扣(constellation)，就像一道光芒的印象
> 般。換言之，這印象是在靜止中得以辯証。因為，當現
> 在與過去成為一種純粹時間上的連續關係時，已逝的過
> 去與當下的現在則為辯証的關係--那不是演進的，而
> 是跳躍的(sprunghaft)印象。只有辯証的印象，而非
> 擬古的印象，才是真正的印象；它們則在語言中發生、
> 覺醒[48]。

這是否就是舒隆所推崇的一種神秘主義之必然性[49]？果眞
如此的話，班傑明意指的已逝與當下之環環相扣，就無法與其

---

[48]W. Benjamin, "N [Re The Theory of Knowledge, Theory of Progress]," in
Benjamin, ed. Gary Smith, Chicago: Univ. of Chicago Press, 1989, p. 49.
[49]Cf. Gershom Scholem, "Walter Benjamin and His Angel," in *On Walter
Benjamin*, ed. Gary Smith, Cambridge: The MIT Press, 1988, pp. 51-89.

藝術現代性的脈絡相合；而這種由環環相扣的當下改造達到已
逝的救贖，也不能在馬克思主義的世俗領域中完成；更遑論阿
多諾對他的批判因此成為真知灼見。事實上，班傑明始終致力
於這種誤解的化解。不論是藝術現代主義的隱喻，還是馬克思
主義的藝術政治化，他都是用心於神秘色彩的破除上。唯一與
一般看法不同的是，他對哲學上的論理不具任何信心，認為惟
有模糊性的解讀才能對抗不可知的神秘性[50]。因此，只因為對
啟蒙理性來說不夠明朗，便視之為神秘主義，太過草率。

　　其實，在我們的生活經驗中，大部分的經驗都不夠明朗，
有待釐清。可是，我們不會因此視之為神秘。同樣的，在〈歷
史哲學論綱〉中，班傑明所要表達的正是對這個我們習以為常
的事物加以破解。那就是說，因為我們視之為當然，所以，視
而不見、聽而不聞。就其不見不聞而言，我們的確無法多做說
明。可是，就其發生的因緣而言，這些事物誠非我們無法看見
的；相反的，正因為我們輕易看得見而掉以輕心。然而，我們
之會有如此的覺悟，亦非一般知識論所倡言的，經由理性的反
省，事後發現到的；而是，根據班傑明的看法，因為有感反省
的片刻讓當時的情景失落所致。【ＩＬ，二五五頁】因此，他
認為深信理性對現實的把握，非但不能揭露事實，反而構成一
種理性的神話。

---

[50]Siegfried Kracauer, "Zue den Schriften Walter Benjamins," in *Das Ornament der Masse*, Frankfurt: Suhrkamp, 1977, pp. 249-54.; D. Frisby, op. cit., p. 213.

　　的確，就其畢生「拱廊」計劃的研究所示，波特萊爾面對
並生活於其中的巴黎大都會便是這個現代生活的理性神話。然
而，班傑明所關心的，不僅是馬克思所謂的現實社會之異化現
象，更是造成這個異化實際變遷的緣由，即，超寫實主義所強
調的夢魘的環環相扣，一種由夢魘的覺醒與醒覺後的夢魘彼此
層層地纏繞[51]。若從這個觀點類比地去看，歷史唯物論亦無非
同時是一切困惑的源頭與救贖。【ＩＬ，二六二～三頁】因
此，一反正統馬克思主義的解釋方式，班傑明認為革命對當下
的救贖，也同時造成了對未來的宰制，一如今日的異化源自昔
日的改造之故。

　　如此一來，現代生活的理性神話不是有待拯救，而是已被
拯救。所以，若要從異化社會中解放出來，眞正的救贖不在無
產階級對當下的改造，期待歷史時間的演進，以通向共產世界
的未來；而是透過當下的解讀，把歷史連續性予以內在的顛
覆，讓歷史在由過去對當下所做的陳述中解構掉。當此之際，
已逝的過去充斥著一如當下的現在般之蘊藏豐富；甚至，它要
比當下的現在還要豐富，因爲它的未來業已在今日之中充分地
實現出來[52]。那些被今日所淡忘的過去歷史，經由當下的解
讀，在無意識的記憶中重現生機，而這就是彌賽亞的救贖。
【ＩＬ，二五四頁】

---

[51]Cf. Louis Aragon, *Paris Peasant*, London: Picador, 1980.

[52]W. Benjamin, "N[Re The Theory of Knowledge, Theory of Progress]," in *Benjamin*, ed. Gary Smith, op. cit., p. 60.

　　的確，從班傑明晚期相當隱澀的斷簡殘篇中，我們才眞正捕捉到現代與後現代的根本差異所在[53]。表面上，現代爲了要精益求精，而強調理性的延續，後現代則是徹底的顛覆，來宣告理性的結束。可是，造成這種對立的態度的原因，對現代來說，就像阿多諾的內在辯証，是由內心的微觀世界反映出現實中的種種矛盾；對後現代來說，一如班傑明的彌賽亞來臨之寓言，是現實中超寫實隱喻的客觀必然結果。

　　這麼一來，我們若回顧哈伯瑪斯與李歐塔之間現代與後現代之爭，與其說哈伯瑪斯是要完成現代的未竟之志，不如說他是由於新保守主義的崛起，對現實的悲觀，轉而激起其樂觀進取的鬥志；同樣的，若是說李歐塔要結束這個現代之志的話，不如說他是因爲後資本主義社會的發展過度樂觀之故，導致理性希望的破滅，而從破碎之中，引發後現代的悲情，重新面對之。換言之，我們根據上述班傑明與阿多諾之間的辯証所示，可以說，現代之所以堅持啓蒙理性的計劃，是因爲啓蒙理性的形上命定，後現代之所以堅持理性的反動，則由於理性本身業已啓蒙之故。這不是指後現代才是理性的延續，現代則是理性的結束嗎？的確，就是因爲這個弔詭結論的緣故，我們必須把流行的看法——現代是理性的延續，後現代是理性的結束——倒過來看，才能洞悉現代與後現代之間爭論的所以然。或許，這就是現代與後現代眞正的差異所在：從它們之間哲學的對話而言，那不是不同文本的處置，而是不同的讀法罷了！

---

[53]見前兩章結論。

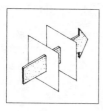

第 六 章

後現代的哲學論述
是如何可能的？

～德里達對胡塞爾現象學的解構

　　我們知道自從李歐塔(Lyotard)《後現代情景》的發表以來，對後現代的談論瀰漫著整個八十、九十年代的西方文化與思想界。也知道，「甚麼是後現代？」並不因此得到多少釐清。相反的，正因爲它介入各個不同領域的爭論，使得問題變得更加零亂與複雜。可是，有人因此主張：這就是後現代的本意所指[1]。並認爲，由於近代西方大一統的思想體系不再，一切分崩離析的現象皆理所當然。

　　這或許可以用來描繪一幅不受傳統模式束縛的新氣象。但是，如果我們把它視爲當然，勢必引起兩種論理上的困境：一即內在的自相矛盾，「反對絕對思想」其本身的絕對化。一即

---

[1]參見 Arthur Kroker & David Cook, *The Postmodern Scene*, N. Y.: St. Martin's Press, 1986.

對外在事物的無法認知，事實現象不論是如何的千變萬化，皆不離變化本質的指涉；或許變化的本質可以重新予以界定，但是，若這個本質亦因此變化而被取消的話，我們就根本無法對變化有所認知。畢竟，我們對不同哲學的理論(theoria)是可以理解的；可是，一個不同理論的哲學(philosophos)卻是難以想像的。

一、後現代的反人文主義

　　一旦確立後現代哲學論述論理上的必要之後，就要進一步地闡明它是如何在實質上開展。我們討論的主題也隨之彰顯。原來，從「甚麼是後現代？」轉移到「為甚會有後現代？」，我們發現到，正因為後者的遲遲無法定論，導致前者亦不得明朗。回應李歐塔的《後現代情景》，哈伯瑪斯(Habermas)提出的〈現代性－－一種未竟之志〉，充分顯示他們之間的緊張關係。因為，對誓志於批判理論的哈伯瑪斯而言，根本沒有所謂的後現代問題，當代風湧而起的對後現代探討，其實是一種現代化的自我反省，早在這個世紀之初，就已經被熱烈地討論著。那是因為啓蒙運動對自然科學的期許，應用到人文世界時，遭遇了瓶頸，從而對理性做一深入的反省；這種理性批判，換言之，好比馬克思對黑格爾的批判，早就涵蓋在現代性的原意裡。

　　令人不解的是，李歐塔隨後對後現代的定義，亦重申這種現代與後現代的重疊性[2]。這是否意味著後現代的言說終究經不起哲學的一再追問？果眞如此的話，那麼後現代所流露的虛無與悲劇性格——關於這點，即便是哈伯瑪斯也察覺到[3]——又應該如何與現代樂觀進取的態度相容呢？在這裡，標榜爲一種「反人文主義」(Anti-humanism)的後現代哲學論述是不容現代性哲學解釋輕易抹煞的[4]。

　　那麼，後現代的哲學論述又應當如何自我澄清呢？它如何與現代性的哲學區別出來，以說明「爲甚麼會有後現代」？這要從反人文主義的內容去看。後現代認爲，現代性對理性的批判仍舊離不開人或理性的預設，若要充分發揮理性批判的意義，就必須離開理性的預設來批判。然而，離開理性的預設來進行理性的批判是可能的嗎？若要不和上述的論理條件相衝突的話，我們就必須先從現代性的觀點做考察。

　　眾所周知，胡塞爾(Husserl)的現象學稱得上是致力於理性批判的表率。因爲它自始至終要求哲學是一門無預設的嚴格

---

[2]Jean-François Lyotard, "Defining the Postmodern," *ICA Documents* 4, 1985, p. 6.

[3]Jürgen Habermas, *The Philosophical Discourse of Modernity*, Cambridge: The MIT Press, 1987, p. 5.

[4]Gianni Vattimo, *The End of Modernity*, op., cit., pp. 39-40. 參見Luc Ferry & Alain Renaut, *French Philosophy of the Sixties: An Essay on Anti-humanism*, op. cit., pp. xxvi-xxix.

科學[5]。爲此，胡塞爾提出「一切原則的原則」(The Principle of all Principles)[6]，不斷地進行現象學還原 (phenomenological reduction)，以達到這個現代性的終極目標。簡言之，它把我們所有的經驗放入括弧內(epoché)，使它不被經驗以外的東西——不論是否是我們給與的——所污染，好讓所經驗到的東西以它本來的面貌呈現給我們[7]。這種現象學還原的方法，由於它視理性同樣爲經驗以外之物而予以存而不論，滿足了後現代離開理性預設的要求；又由於它所還原出的事物本來面貌即理性批判的目的，「回到物自身」不外是現代理念的充分表露[8]。於是，就現代性來看，離開理性的預設來進行理性的批判不是不可能的。相對的，後現代的反彈似乎是無的放矢。

然而，梅洛龐蒂(Merleau-Ponty)曾指出：「還原法透露給我們最重要的訊息，就是不可能有完全的還原[9]。」這句話是甚麼意思？要知道梅洛龐蒂不是站在反對的立場，而是認同

---

[5]Cf. Edmund Husserl, "Philosophy as Rigorous Science," op. cit., pp. 71-147.

[6]Edmund Husserl, *Ideas pertaining to a pure Phenomenology and to a Phenomenological Philosophy*, First Book, *General Introduction to a Pure Phenomenology*, The Hague: Martinus Nijhoff, 1982, p. 44.

[7]Ibid., p. 60-6.

[8]參見本書第三章，第一節。

[9]Maurice Merleau-Ponty, *Phenomenology of Perception*, London: Routledge, 1962, p. xiv.

胡塞爾現象學，才做此斷言。因此，我們必須追問：爲甚麼不可能？是因爲它太過於繁瑣，導致無人——甚至於包括胡塞爾本人在內——能窮盡其奧妙？還是因爲它有內在的限制，使得無預設的前提要求終究無法達成？乍見之下，李歐塔與哈伯瑪斯所代表的現代與後現代之爭，早就蘊涵在現象學還原是否成功的問題中。那就是說，現代與後現代，不過是我們採取樂觀或是悲觀的態度來論斷理性的計劃。

如此看來，還是沒有所謂的後現代的哲學論述。因爲現象學還原不過是理性計劃中諸多方法的一種，自從西方近代的啓蒙運動以來，現象學還原不曾是第一個方法，也不會是最後一個方法；事實上，理性科學正因爲不斷地更新而彰顯其效。反過來說，就像法蘭克福學派(Frankfurt School)的悲觀論調一般[10]，即使我們竭盡其力，仍無法達成現代性的終極目標，亦不表示理性計劃的破產，或不存在；畢竟，理性存不存在的證明，仍有賴理性本身來提供。

然而，就是因爲這種論斷，才使後現代的哲學論述得以肇始[11]。不錯，現象學還原到底可不可能完全，只需從現實的有限性與理想的無限性做範疇上的考量，就不難得出否定的結論。可是，在啓蒙之後，若只是一昧維護理性的計劃，把其他所有的問題都相對地予以忽視或矮化，那還算是啓蒙嗎？相反

---

[10]Cf. Theodor W. Adorno & Max Horkheimer, *Dialectics of Enlightenment*, op. cit.

[11]Friedrich Nietzsche, *The Will to Power*, op. cit., p. 13.

的，若不因爲這個包括理性在內的預定結論，而放棄對一切可
能問題的正視，那又爲甚麼不能對現代性的目標重新加以反省
呢？

二、德里達的解構策略

　　德里達(Derrida)針對胡塞爾現象學還原法所採取的解構
(Deconstruction)策略，可以說是這種後現代哲學論述的最佳
寫照。一方面是因爲它在後現代的各種理論中，有舉足輕重的
地位；再方面，因爲它的運用正是圍繞著胡塞爾現象學而表現
無遺[12]。現在就讓我們來分析他最早發表的一篇論文——
〈"基源與結構"以及現象學〉('Genesis and structure'
and Phenomenology)——來說明後現代哲學論述是如何可能
的。在文章之首，德里達提綱挈領地表達了上述後現代哲學論
述的動機：

---

[12]Jacques Derrida, *Edmund Husserl's Origin of Geometry: An Introduction*,
Lincoln: Univ. of Nebrask Press, 1989; Speech and Phenomena, Evanston:
Northwestern Univ. Press, 1973. 另外還有兩篇，一篇即 "'Genesis and
Structure' and Phenomenology," in *Writing and Difference*, Chicago: Univ. of
Chicago Press, 1978, pp. 154-68. 本文此後標註爲ＷＤ。另一篇乃"Form and
Meaning: A Note on the Phenomenology of Language," in *Margins of
Philosophy*, Chicago: Univ. of Chicago Press, 1982, pp. 157-73. 本文此後標
註爲ＭＰ。

我必須從一開始就謹慎與坦白。當我們為了討論一個哲
學，不只是訴諸一對——即此地的「結構與基源」——
長久以來始終被質疑的概念，更嵌陷在一種以對立狀為
典型表現的思辯架構；那麼我們對這個哲學，或基於
此，實際的討論工作，將掉進一種並非審慎的考察而純
粹只是去質疑的危險中。那是一種論述的濫用，預先把
所要找的東西設定出來。此嚴重地阻礙了思想的機制功
能。【ＷＤ，一五四頁】

　　顯然，德里達的解構策略與胡塞爾的現象學還原有異曲同
工之妙，兩者皆致力於理性的批判，即認真看待所面對的對
象。就胡塞爾而言，現象學的建立是要「回到那些提供給我們
言說的意義與理性說明之經驗與視見[13]。」這原本就不是站在
既定的範疇內做抉擇，再由思辯的方式謀求解決之道。然而，
當德里達述及：「（胡塞爾把現象學）契合於意義的歷史性與
其變化的可能性中，以重視那些在結構中尚未被決定的一
切。」【ＷＤ，一五五頁】他一針見血地指出：「即使我們視
此結構內的開放仍是『結構的』，即本質的，我們業已進展到
一個不同於先前的層級：（必然是封閉的）次層結構與開放的
結構是有所差異的」【ＷＤ，同上】。這個差異(difference)

---

[13]同註8。

之所以不是一種思辯式的對立，是基於一種「無法安置位置」
的安排方式所致[14]。惟有用這種讀法，我們才能馬上進入胡塞
爾所謂的「基源自身的『先驗結構』」，不至於被基源與結構
兩個相互排斥的概念所困惑，而滯留在現象學還原可能與否的
形式問題上，無視於其實質的指意。

　　當然，這也不表示德里達認爲困難已經解除了，他很清楚
現象學還原實際操作的可能領域與其客觀理念的可能領域之
間，仍處於一種緊張的狀態：「....結構主義的要求（即廣泛
地描述那些依照內在規則所制定的整體性、形式或機能，其規
則是指：各個構成分子只有在彼此相關或對立的共同狀態下才
能產生意義）與基源主義的要求（即尋求結構的源起與基
礎）。」【ＷＤ，一五七頁】換言之，解構只是一種策略性的
安排，就像現象學還原一般，暫時撇開一切不必要的困擾，好
讓問題核心直接顯示出來。

　　可是，在現象學還原認識上的障礙釐清之後，我們就真的
能夠回到胡塞爾的心路歷程中，一如德里達所爲，說明現象學
還原是如何有效操作著？憑甚麼我們可以從胡塞爾思想的說
明，看出現象學還原實際操作的客觀可能性？難道前者不是偶
然的，後者是必然的嗎？從早期心理主義的講法到隨後客觀規
範的提出，德里達了解胡塞爾的確在「邏輯結構主義與心理源

---

[14]在德里達哲學中，差異是意義最豐富的一個字。就表面意義而言，它是指「區
分、不同與辨別」，見Jacques Derrida, *Speech and Phenomena*, op. cit.,
p. 129. 不過，此豐富意涵是由Différance來表達其意，見註16。

起主義」(logical structuralism and psychologistic genetism)之間徘徊了一陣子【WD，一五八頁】。不過，一旦超越現象學從「基源自身的『先驗結構』」建立起「超越經驗」，依照他的解讀，胡塞爾早先的猶豫不決，反而成為現象學還原運作的客觀立足點。那就是說，正因為我們對日常生活經驗的描述是不完全的，所以必須不斷地將它還原到超越經驗中，好讓描述的工作受到超越經驗普遍意義的滋潤，而得以繼續【WD，一五六～五七頁】。而不應倒過來看，一如先前的責難，由於我們無法根據現象學還原窮盡一切經驗的對象，當然不可能有完全的還原。無疑的，前者才是嚴格的批判，後者不過是掛空的質疑。

然而，我們也因此遭遇另一個相當弔詭的問題。若德里達的解讀是如此同情地把胡塞爾現象學還原解釋為嚴格的批判，這不等於是說，解構所要表達的後現代哲學論述沒有本質上的必要嗎？面對這個弔詭的問題，我們才能理解為什麼李歐塔在定義後現代時，會把現代與後現代重疊在一起來看待。原來，唯有不把胡塞爾現象學還原視為思辯模式所對立的對象，德里達的解構策略才不會只是一種策略性的運用。相反的，若把解構視為現象學還原利弊得失的批判，其策略性的運用也不過是一個現代理性批判的代理人[15]。因此，上述德里達對胡塞爾的初步解讀，業已隱含了一個不同典範的哲學論述。

---

[15]Manfred Frank對德里達的批評就是用此觀點，見*What is Neostructuralism?* Minneapolis: Univ. of Minnesota Press, 1989, pp. 260-1.

三、胡塞爾現象學的困境

　　現在，我們要繼續分析德里達如何進一步審察胡塞爾現象學還原，把隱藏在背後的後現代哲學論述逼顯出來。首先，他檢討胡塞爾對狄爾泰主義(Diltheyism)的批判。狄爾泰的「世界觀哲學」(Weltanschauungsphilosophie)，是指將歷史的所有展現與文化成果視爲有系統且一貫地共同體現，以其所成就的整體觀來闡明純粹的眞理。這個歷史的整體性，顯然是個實然的整體性，受制於實然界中的有限主體。可是，主體的有限性卻相對於無限的理念。因此，雖然歷史整體性所設定的無限理念，必須經由有限主體的全體大用才得落實，而非限主體內的世界觀所能承擔，但是，這個設定也使得有限主體無法跳開實然界，去說明無限理念的開顯。

　　如同德里達所指出，事實上，說明對眞理無限的開顯，才是哲學爲哲學之所以然。【ＷＤ，一六〇頁】於是，事實眞理(the truths of fact)與理性眞理(the truths of reason)必須嚴格區分，而唯獨經由現象學還原到「世界觀哲學」實然領域的界限，才能使它說明對眞理無限的開顯。

　　德里達在這裡的解讀，再度對胡塞爾現象學還原做有效地解釋：「這個無法被還原的差異是由理論基礎的無限後延所示。生命的迫切性，要求實際的回應務必在歷史存在的領域上

做出，它先於絕對的科學（就因爲）它等不及後者下結論。」
【ＷＤ，一六一頁】

　　原來，胡塞爾現象學還原之所以不是一種思辯，顯示在它
對歷史主義的存而不論，不是消極地否定其價值，而是藉此指
出其預設所在的限制，再由所還原事物的積極描述（要注意
到，此非對其再加以肯定），揭示其正面意義。德里達於此用
差異性做解構時，其策略性的運用是根據「延後」(différance)
作用而來[16]。它使得胡塞爾嚴格區分事實眞理與理性眞理的同
時，仍能合法地以一種「平行」(parallel)關係，把兩者放在
一起討論[17]。也因此，兩者之間的緊張關係消除之後，仍不至
於造成彼此的混淆不清。

　　儘管德里達的解讀有助於現象學還原的澄清，我們仍然不
清楚，胡塞爾本身是否已有此意？於是，德里達接著轉向現象
學內部的問題，即純粹意識的本質。他了解到現象學還原之所
以能夠嚴格批判，是因爲胡塞爾要求的不是精確
(exactitude)，而是嚴格(rigor)【ＷＤ，一六二頁】。精確性
是一個抽象作用的產物，就像狄爾泰主義的歷史整體性，它必

---

[16]在Henri Ronse的訪問中，德里達對différance做了以下幾個主要意思的區分：
一、延後或迂迴；二、區別；三、形成或構成結果；四、昭示或顯現。見Jacques
Derrida, *Positions*, Chicago: Univ. of Chicago Press, 1981, pp. 8-10.
[17]Edmund Husserl, "Phenomenology," in Peter McCormick & Frederick
Elliston eds., *Husserl: Shorter Works*, Notre Dame: Univ. of Notre Dame
Press, 1981, p. 27.

須在一個封閉(closure)的條件下才成爲可能。因此，爲了釐清精確性的界限，我們必須進一步地問：這個封閉條件又是基於甚麼而成爲可能的？

德里達認爲：「那就是所經驗事物的無限開顯，胡塞爾的分析在好幾處借用康德意義下的觀念來指涉，即無限性闖入意識領域。它使得意識時間流產生統合作用，就像在期待(anticipation)中，它把對象與世界結合起來，而無視於（其自身）之無法還原的不完全性。」【WD，同上】此亦即胡塞爾所謂的超越意向性，那是由意向性的兩重結構來表現對一切封閉條件做決定的無限開顯。首先是意識作用——意識內容的結構(noesis-noema structure)，在這裡，所有的經驗事物，均由意識作用表現在意識內容上。可是，意識作用與意識內容分別隸屬於兩個不同的範疇：前者是實在的，即便是隸屬心理的實在；後者則是非實在的(reell)。

它們是如何形成意向性的結構，又不至於冒犯上述事實真理與理性真理的嚴格區分呢？德里達認爲胡塞爾在這個地方的解釋十分不清楚：「（意識內容）既不屬於世界亦不屬於意識，而是面對意識時的世界或世界裡的東西。」【WD，一六三頁】換言之，由於這個意識內容是使一切客觀意義成爲可能的基礎，它可以決定一切，不過，我們無法用它所決定的一切來描述它。同樣的問題發生在意向性的另一個結構上：質料——形式的結構(hyle-morphic sturcture)，一切經驗皆由我們對事物質料的形式直觀而構成。顯然，隸屬於不同範疇的質料

與形式，對意向性結構的完整性也造成困難。「相對於意識內
容是意向性的、非實在的要素，質料是所經驗到的實在、非意
向性之要素。」【ＷＤ，同上】這個實在的質料，是感覺在意
向之前所感受到的東西，它和感覺物的客觀實在不同，後者應
由意識作用－－意識內容結構中的意識內容來指涉。於是，就
和意識內容的模糊情形一般，它也是不可說的。可是，又不能
沒有它，不然，意向性活動就根本無法開始運作。

　　面對上述這個雙重困境，胡塞爾企圖以基源分析(genetic
analysis)走出靜態現象學(static phenomenology)的瓶頸，
為現象學還原的嚴格性提供可靠的依據[18]。可是，德里達指出
這個基源分析不斷地提出來，卻又同時一直被延後【ＷＤ，一
六四頁】，使我們無法對它產生進一步清楚的認識。不過，我
們可以藉由胡塞爾晚年特別用心的超越現象學與現象學心理學
的平行關係為線索[19]，把基源分析的論題了解為：現象學還原
的實際操作與其所依據的客觀理念之間，究竟是如何平行聯繫
著？

　　從心理學的角度來看，我們不難經由日常生活經驗的顯明
性直接進行現象學的還原工作，無視於意識本身必然顯明性

[18]Edmund Husserl, *Cartesian Meditations*, The Hague: Martinus Nijhoff, 1973, pp. 69-81.
[19]Cf. Cheng-Yun Tsai, "Phenomenology and Psychology: Before and After the Phenomenological Reduction," in V. Shen, C.Knowles, & Tran V. D. eds., *Psychology, Phenomenology and Chinese Philosophy*, op. cit., pp. 95-113.

(apodicticity)的要求。這也就是爲什麼我們從事於嚴格的現象學還原之際,仍能同時容許無法描述的意識內容與不可說質料的存在。可是,在超越還原中,我們必須遵守事實眞理與理性眞理的規範,去證明:兩者之間若是平行的話,爲甚麼不能等同?反過來說,兩者若是無法等同的話,又怎麼可能是平行的?胡塞爾的基源分析是以兩者的重疊關係(overlapping)[20],說明它們之間是如何平行著。簡言之,超越還原的對象不是實然界,而是做爲日常生活經驗所還原出的普遍意識;換言之,它不涉及存在,只考量其意義。可是,就超越還原的目的而言,我們唯有透過普遍意識與意義的指導,才能在日常生活經驗中有效地面對經驗到的事物。

在這裡,德里達的解讀又再度釐清胡塞爾基源分析中所遭遇到的窘境。他指出事實眞理與理性眞理之間,爲了要保持嚴格的區分,的確有個距離的存在。因爲這個距離的存在,使得超越現象學與現象學心理學彼此無法等同。不過,這個距離是由超越還原所還原出的「無」(the nothing)昭示的,(在超越經驗中,事實眞理即理性眞理);而超越還原之所以能夠還元出「無」,正因爲「無」是超越還原的基礎,(事實眞理即理性眞理的超越經驗)【WD,同上】。兩者之間的關係雖然因此不能等同,卻可以彼此平行地對待。故胡塞爾可以宣稱現象學還原是一門嚴格的科學。

---

[20] E. Husserl, "Phenomenology," op. cit., pp. 29-31.

四、德里達是如何解決胡塞爾的難題

　　不過，對德里達來說，這也正是解構策略與現象學還原分道揚鑣之處。畢竟，胡塞爾本身未曾用這個方式說明基源分析，爲甚麼他不用呢？德里達認爲造成胡塞爾基源分析不斷提出，卻又一直延後的原因，是因爲胡塞爾對超越經驗的處理方式，仍舊依賴於我們日常生活經驗的「現時存在」(the living present)[21]，或用德里達的話來說，「稀奇古怪的『現在』(presence)」【WD，一六二頁】。基源分析對超越還原所展現的「無」，換言之，不過是對超越經驗無限開顯的整體內容之無法描述或不可說的限制而已。本質上，它仍然是個意向分析。因此，德里達認爲胡塞爾的理性批判還是離不開理性的預設：

　　理性於是乎現身出來了，胡塞爾說過理性即展現於歷史中的道理(logos)。它用自己的眼光，在自身顯現處，向自己陳述並且聆聽自己為道理，藉此穿越存有。那是一種自說自話(auto-affection)的言說。它之自行顯現，就

---

[21]J. Derrida, *Edmund Husserl's Origin of Geometry: An Introduction*, op. cit., p. 144.

　　是為了在自身之中把握到自己，好去面對自我之中的
『現時存在』(in the 'living present' of its self-
presence)。（然而），這種自行顯現與自說自話是要透
過文字書寫(writing)的迂迴，才能夠把自己形構成理性
的歷史。故為了重新掌握自己，它和自己離異開來。....
（不過），就文字書寫而言，符號可以不斷地將自己
『留白』，不再被察覺到，不再予以『復原』，它可以
永遠是隱閉的與沈默的。【WD，一六四頁】

　　在這段話裡，德里達透過自說自話與文字書寫的強烈對比
方式，證實了：現象學還原透露給我們的訊息就是不可能有完
全的還原。不過，這並非意味著整個現象學還原的工作是無效
的，而是說它對無限開顯的真理力有未逮。不錯，它可以有效
地說明我們日常生活經驗中的種種，卻無法交待這個使我們日
常生活經驗成為可能的根本是甚麼。限於理性的預設，胡塞爾
視此為理所當然。可是，正因為這個緣故，對現象學的理想抱
負自身而言———一門嚴格的科學或是理性批判——現象學還原
於此是無效的。我們甚至於可以說，這個做為現象學還原的基
礎，由於它無法被現象學還原出來，也使得現象學還原宣告死
亡。【WD，一六七～六八頁】
　　就在解構將現象學還原的理想顛覆之際，它做為後現代哲
學論述的典範逼顯出來了。這個典範是相對於胡塞爾以反映書

寫(mirror writing)的方式去解釋超越還原的「無」[22]。德里達認爲胡塞爾受到傳統邏輯中心論(logo-centrism)的影響，不自覺地把現象學還原視爲一種概念化作用，以爲藉著這種理性批判的形式，就可以保障它在現實中，對有意義與無意義之間的種種糾纏所做的釐清。殊不知，這麼一來，理性批判的形式早已把意義設定在還原之前，現象學還原不過是把一個尚未被察覺到的意義反映給我們。就意義所預先設定的領域而言，這種反映的釐清其實是種扭曲，它充分表現在現代主義對後現代的強烈排斥上[23]。若能撇開理性的預設去看現象學還原所做的理性批判，一如德里達於此的解構，不難察覺到：在意義由設定到接受的複印(Abbildung)過程，與意義由被動接受到主動形構的概念化(Einbildung)作用之間，有個差異的存在與無意義彼此糾纏不清，所以需要現象學還原予以釐清。

　　不過，我們也可以因此看出，現象學還原其實與以表彰顯明性爲主的陳述設定(predicative statement)無關，它不是藉由超越還原的「無」反映出預先設定的「現在」或「有」，而是把糾纏的關係直接用差異表現出來。於是，進一步考察甚麼是糾纏，除了可以發現這個字的負面意義之外，還有一個積極的意涵。德里達在別處稱之爲「文本」(text)：「按照一種文

---

[22]J. Derrida, "Form and Meaning," in *Margins of Philosophy*, op. cit., pp. 161-6.

[23]Alex Callinicos從馬克思主義的角度所做的批判便是一個例子. Cf. *Against Postmodernism*, op. cit., pp. 12-6.

本所規定的系統，推論與非推論相連結，語言『階層』與先於
語言的『階層』混合在一起。」【ＭＰ，一六○頁】在「文
本」中，差異不是做論證的區分以解開糾纏，而是指被糾纏住
而無法顯現者，將由造成它們之間差異的「延後」逼顯出來。
德里達認為這就「好比一種言說或文本的規則，問題於其中只
能由隨後(that awaits it)而非期待(that has not awaited it)
的答覆所指定的形式中寫出來。」【ＭＰ，一七一頁】

顯然，現象學還原之所以能夠給與嚴格的理性批判，不是
基於有所期待的理性預設，而是因為「重覆（或是此地涉及之
基源分析依據的重疊關係）所省略的差異能夠（按其文法結
構）重新予以換回(elliptical displacement)。」【ＭＰ，一
七三頁】因此，現象學還原最後要找的必然顯明性，不在客觀
的理念上，而在「永遠是隱閉的與沈默的」「文字書寫」中。

在一篇著名的論文裡──〈衍異〉(Différance)──德里
達對這個做為文本分析的差異延後有如下的解釋：

> 我們只能說明那些一度出現或明確的東西，那些可以顯
> 示或表現為現時存在的東西。一個真正的現實存有，只
> 能顯現於現時的真理或當下的現在中(in the truth of a
> present or the presence of the present)。此刻若延後
> ～（讓我同時把這個～劃掉）要使現時存有為之呈現，
> 它則根本無法如此做到。它無法在現時中，或對任何人

呈現。當它一直抓住自己不放而不讓自身顯現之際，就此而言，它業已超越了真理的等級；不過，它並不因此把自己偽裝成一種神秘不可知的領域，或無底深淵中奇特的存有。任何的說明都是由它把隱匿者彰顯出來 (disappearing as disappearance)。（卻也因此同時）把所顯示出來的隱去 (It would risk appearing: disappearing)[24]。【ＭＰ，五～六頁】

五、衍異的後現代意涵

這就是爲甚麼德里達能夠把胡塞爾的現象學還原解構爲沒有理性預設的理性批判。因爲，當現象學還原把「現時存在」依「現在」(presence)的模式表現出來，「現時存在」的「不在」(absence)也可以突破理性形式的侷限【ＭＰ，一六八～六九頁】，經由延後的策略運用揭露出來。不過，更重要的是德里達於此明確地表達出後現代哲學論述的典範。簡言之，策略不再是達到目的的手段，它就是本質。這個做爲本質的策略是用「要玩」(play)這個字來表示。【ＭＰ，十一頁】顧名思義，它包含了實際運作與及時行樂兩層意思。就像小孩子玩遊戲，不是爲了甚麼道理或目的去玩，純粹是覺得好玩而去玩，並且去玩而覺得好玩。好不好玩，只有玩了之後才曉得，而無

---

[24]J. Derrida, "Différance," in *Margins of Philosophy*, op. cit., pp. 3-27.

法預先設定。這麼一來，解構策略取代現象學還原，而成為真正沒有理性預設的理性批判。然而，若要使它取得哲學上的合法地位，仍需說明它是如何由手段變成本質。到底手段是甚麼？

　　根據德里達對現象學還原的實際解構來看，是先由差異表現出空間上的距離，再由延後透過時間予以補白(supplement)。【ＭＰ，八～九頁】在這之間，即手段本身，呈現給我們的既非「現在」亦非「不在」，而是一個被延後的「當下」(present)，或一個非「當下」的「現在」。傳統的邏輯中心論則以符號(sign)來表示這種被延後的「當下」。可是，德里達認為，正因為它不再是一種表達的工具，而是表達本身，於是用「痕跡」(trace)來表示其本質性格：「它既非原因亦非結果，痕跡無法就其自身於其文本之外做必要的踰越。」【ＭＰ，十二頁】那就是說，手段不能用手段之名來表達之，卻也不能因此取消手段之實。

　　這看起來和胡塞爾的基源分析十分類似。不過，相對於主體藉由語言來表達內心的意思，痕跡則是指主體或意識被文字書寫深植於語言之中。換言之，理性說明是基於差異延後而成為可能，不是倒過來看。於是，德里達進一步地將它說明為：「這個被寫下來的延後變成耍玩的運作(the playing movement)，它經由這個不算是（主體的）活動，『形成』差異，造成差異的結果。此非意味著延後對差異的形構是在差異之前，以一種簡單、未經琢磨的非差異現存方式做到的。延後

乃是各個差異的非完全、非單純、已經結構化且正在進行區分的根源。『基源』一詞自然不再適用。」【ＭＰ，十一頁】這種差異延後的文本分析，當然和胡塞爾的基源分析不一樣。後現代的哲學論述——理性批判無需理性預設——因而得以成立。德里達稱之為文字書寫學(Grammatology)[25]。

　　無疑的，文字書寫學與其相關的問題，對了解甚麼是後現代相當重要，不過，限於本文篇幅，我們將不做進一步探討。而是針對本文的主題——後現代的哲學論述是如何可能的——提出最後一個問題：這種耍玩性格的差異延後，又怎麼表現出後現代的虛無與悲劇性格？就德里達的文字書寫學而言，差異延後的策略運用，不僅是藉由胡塞爾現象學的解讀，把邏輯中心論的邏輯理性予以解構，更要把近代主體掛帥的中心論思想徹底顛覆。

　　眾所周知，現代性肇始的動機是：經由理性的啟蒙有效地支配現實世界，以滿足我們存在上所需的安全感。可是，當德里達把「現時存在」解構掉，他不是為了建立另一種形上學，好比海德格的「形上學毀壞」是為了彰顯存有一般[26]，而是要凸顯這個無所是又無所不是，甚至差異延後亦不足以道也的耍玩運作。【ＭＰ，二七頁】因此，為了不讓形上學重新復辟，

---

[25]ＭＰ, p. 15. 參見J. Derrida, *Of Grammatology*, Baltimore: John Hopkins Univ. Press, 1974.

[26]ＭＰ, pp. 22-27. 參見*Of Grammatology*, Gayatri Spivak在譯者序中的精闢分析. Ibid., pp. xvi-xviii.

他進一步地把解構也解構掉了。此刻做爲痕跡的耍玩運作被德里達視爲一種「散播」(dissemination)。那不是「一種形上學觀念」，也不是「一個形上學名稱」；相反的，近代形上學樹立的「責任與個別價值之所以不再顯其效，正因爲這個傳播所致27。」

　　爲了說明這無所爲又無所不爲的傳播，德里達最後甚至把哲學理論也解構爲文學著述：「理論建構——就哲學與科學之結合於知識而言——原本就只是在填補空白，並非一蹴可幾的。如此一來，文學與詩能夠表現出更爲穩健與更爲深入的突破，也就不足爲奇了28。」如此浮現在我們面前的，不正是尼采爲了抗拒近代哲學所表現出虛無主義的種種隱喻(metaphor)嗎29？

27J. Derrida, *Dissemination*, Chicago: Univ. of Chicago Press, 1981, p. 6. 參見本書附錄，註21。

28J. Derrida, *Of Grammatology*, op. cit., p. 92.

29參見Spivak譯者序，ibid., p. xxii.

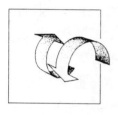

第 七 章

後現代的哲學論述是甚麼？

～傅柯考古學與系譜學的倒轉

　　就其晚年的一次訪問，傅柯矢口否認他和後現代有任何瓜葛來看[1]，若要用傅柯來說明後現代的哲學論述是甚麼，似乎不是一件很恰當的事。然而，就一般對傅柯哲學的討論而言，不論毀譽，我們不難發現到它們多半還是圍繞在其後現代的性格上立論[2]。故此舉亦不應視爲無的放矢；相反的，這種模稜

[1]L. D. Kritzman ed., *Michel Foucault: Politics, Philosophy, Culture*, N. Y.: Routledge, 1988, p. 34. 這篇訪問是由Gérard Raulet主持，並以"Structuralism and Post-Structuralism: An Interview with Michel Foucault,"之名，發表於 *Telos* 55(Spring 1983)。

[2]參見H. L. Dreyfus & P. Rabinow, *Michel Foucault: Beyond Structuralism and Hermeneutics*, Chicago: Univ. of Chicago Press, 1982; K. Racevskis, *Michel Foucault and the Subversion of Intellect*, Ithaca: Cornell Univ. Press, 1983; J. G. Merquior, *Foucault*, London: Fontana Press, 1985.

兩可、似是而非的情景不正充分顯示著後現代的弔詭嗎？

的確，不僅傅柯與後現代之間的關係是如此，就是他本身的學說亦復如此。在早期的考古學分析中，雖然他一再否認與結構主義的關聯，但他也只能從兩者之間的同質性著手，以說明其差異何在[3]。然而，正當他藉此釐清這種考古學分析為何之際，傅柯卻又轉向於其晚期不同型態的系譜學分析，以突顯這種考古學分析獨特的理論基礎[4]。就系譜學的編史性而言，傅柯的後現代性格是無庸置疑的，因為那絕非考古學所設定的秩序觀可比擬。可是，這麼一來，傅柯思想的內在一致性便受到普遍的質疑。學者們弄不清考古學與系譜學之間是個甚麼樣的關係？到底傅柯早晚期思想之間的關係是一種連續性的轉變，還是一種不連續的斷裂？

照理，前者才能鋪展出一套有效的理論，後者則是個義理未盡的謬誤。可是，根據傅柯的看法，其理論的特色與價值便建立在答覆這個問題時所產生的自相矛盾情景上。那就是說，如果系譜學的分析只是為了要解決考古學分析在理論基礎上的缺失，則會因著兩者的不同型態，反而証明了考古學分析無法挽回的失敗。反過來說，倘若系譜學分析是因為考古學分析的失敗而起，兩者之間卻因此透露著某種關係；因為，兩者之間

---

[3]M. Foucault, *The Order of Things*, N. Y.: Vintage Books, 1973, p. xiv. 並 見 M. Foucault, *The Archaeology of Knowledge & The Discourse on Language*, N. Y.: Patheon Books, 1972, pp. 199-211.

[4]M. Foucault, *The Archaeology of Knowledge*, ibid.

只有在彼此相關的情形下才有對立的可能。

　　傅柯這種詭異的策略，即，以邏輯的謬誤彰顯非邏輯的本然，並進一步地視之爲理性的基礎，與後現代不謀而合。職是之故，儘管他再三拒絕加入現代與後現代之間的爭論，但傅柯還是免不了介入到這其中種種糾纏不清的是非對錯[5]。我們在此要論述的是，傅柯的哲學不僅直接體現出後現代來，甚至還可以由此說明後現代的哲學論述是甚麼。

一、〈何謂啓蒙〉的第三條路

　　不過，在我們藉由傅柯說明後現代的哲學論述是甚麼之前，首先要說明他是如何與現代與後現代的爭論扯上關係？在〈何謂啓蒙？〉(What is Enlightenment?)中[6]，傅柯透過康德(Kant)〈答覆「何謂啓蒙？」的問題〉一文之討論，清楚地提出他對現代性議題的看法。首先，他認爲康德的這篇文章除了彰顯一般所熟知的自主理性以及其普遍應用之外，更重要的是指出康德的批判是自覺於其歷史意義所致：「...這是第一次，一位哲學家將其作品的意義，密切且內在地，與知識，對

---

[5] D. C. Hoy, "Foucault: Modern or Postmodern?' in J. Arac ed., *After Foucault*, New Brunswick: Rutgers Univ. Press, 1988, pp. 12-41.

[6] M. Foucault, "What is Enlightenment?" in P. Rabinow ed., *The Foucault Reader*, N. Y.: Pantheon, 1984, pp. 32-50. 本文此後標註爲 W E 。

歷史的反省，以及那個創作所在和產生創作的時代分析連在一起。」【ＷＥ，三八頁】這種從時代分析所作的理性反省才是現代性的源起。

接著，他以波特萊爾(Baudelaire)為例說明這個現代性的原委。原來，造成康德啓蒙的「今昔之別」，傅柯以為，「不在於當下之外、之後，而在當下之內的永恆東西。」【ＷＥ，三九頁】然而，不同於康德道德的立法者，這個表現出我們勇氣十足一面的內在東西，是在當下(present)的時尚裡，經由我們從中抽取史詩要素的方式而把握到的。

這是甚麼意思？傅柯進一步地由波特萊爾之引用藝術家古耶斯(Constantin Guys)對現代性的解釋，以闡明其意：

（這種處理方式的目的）不是罔顧現實，而要在現實的真相與自由的運用之間，形成一種精緻難解的互動；好讓『自然』物變得『更自然』...對現代性的態度而言，當下的崇高價值不外於對它無法自拔的渴望，是把它想像為不是它的樣子，（也就是說）不是用摧殘的方式去改變它，而是如實地掌握到。（這麼一來），波特萊爾的現代性便是重視現實之際，又同時運用到自由，（換言之），他既尊重現實，又要侵犯它。【ＷＥ，四一頁】

　　經此闡明，於是，康德所昭示的啓蒙不光是預先素樸地接納先驗的理性，再以它在現實領域中普遍應用的情形，証明為自主的，而是反賓為主地側重於現代性自身是如何孜孜不倦地營運著。顯然，對傅柯來說，啓蒙的真諦並不在於彰顯一個隱而未見的終極道理，好比韋伯以基督教的工作倫理考察資本主義的誕生，也不像是十七世紀以降各種人文主義的說詞，只為了完成那尚未充分發揮出來的人性，而是人當下無所求地積極營造自己[7]。一旦傳統目的論的餘灰濾盡之後，現代性中英姿煥發的一面，自然無需透過社會政治的現代化過程之輔，可以直接由藝術家自我突破的方式來披露[8]。

　　對照上述這種傅柯對現代性的詮釋與哈伯瑪斯(Habermas)的講法[9]，無疑的，他在現代與後現代的爭論中，是站在後現代的這一邊。雖然，他強調這現代性所指不是歷史時期的劃分，而是一種態度，【ＷＥ，三九頁】這和哈伯瑪斯的出發點並無二致，可是，他隨即用及藝術現代性的隱喻，卻與哈伯瑪斯對此的排斥，大相逕庭[10]。由是，我們可以再度嗅及布爾曼(Berman)平實的現代主義與哈伯瑪斯崇高的現代主義之細微

---

[7]參見本書第四章。

[8]參見本書第三章，李歐塔從《後現代情景》到〈崇高與前衛〉的發展。

[9]J. Habermas, *The Philosophical Discourse of Modernity*, Cambridge: The MIT Press, 1987.

[10]J. Habermas, "Modernity versus Postmodernity," *New German Critique*, 22, 1981, pp. 3-14.

差別[11]。由於我們業已在別處証明了這之間的差別才是現代與
後現代的源起[12]，所以當哈伯瑪斯不顧傅柯善意的回應，對他
的批評一如對其他後現代主義者般，我們並不會覺得訝異。可
是，在此情況下，傅柯本人何以依然堅持其思想和現代主義之
間是一脈相傳的[13]？更敎人不解的是，即使在傅柯宣稱自己歸
屬於現代主義的陣營之後，他仍舊被現代與後現代主義者同樣
視爲後現代的代表？最明顯的例子就是哈伯瑪斯對傅柯這篇短
文的評論依舊如故[14]。這到底是怎麼一回事？

　　翟弗斯(Dreyfus)與雷比諾(Rabinow)爲這矛盾百出的情
景提出一個相當有趣的答案：他們認爲傅柯在反思維(Anti-
thinkers)的後現代與嚴峻(seriousness)的現代擁護者之間，
拓展出第三條路來[15]。那就是說，啓蒙所造成的成熟度不在於
我們能不能爲現代化的社會提供一個合理的基礎，再由這個基
礎衡量出現代化社會之所以然的內容來；反而是因爲沒有這麼
一個理性程序，才能突破理性規範的限制，再經由實際的理性

---

[11]同註7，特別是第五節。

[12]參見本書第五章，從藝術哲學的觀點論現代與後現代。

[13]M. Foucault, "The Ethic of Care for the Self as a Practice of Freedom," in
The Final Foucault, ed. J. Bernauer & D. Rasmussen, Cambridge: The MIT
Press, 1988, p. 18.

[14]J. Habermas, "Taking Aim at the Heart of the Present," in D. C. Hoy ed.,
Foucault: A Critical Reader, Oxford: Basil Blackwell, 1986, pp. 103-8.

[15]H. L. Dreyfus & P. Rabinow, "What is Maturity? Habermas and Foucault
on 'What is Enlightenment?'" in *ibid.*, p. 118-9. 本文此後標註爲WM。

溝通達到啓蒙所意味的成熟度。【WM，一二○頁】如此的評論固然是針對哈伯瑪斯的誤解而來，但它也同時修正了後現代輕浮與急躁的種種缺失。原來，根據翟弗斯與雷比諾的看法，後現代所申言的顛覆與解構，在這個傅柯所鋪展的啓蒙脈絡之下，不再只是停留在捕捉我們在當下所表現的一往直前之英雄氣慨，而是一種面對當下處境時我們所感受到寓意深刻的反諷(irony)。【WM，一一七頁】

　　這之間有何差異呢？用他們的話來說，後現代對現代的批判「只是清醒了，卻未必是成熟的。」【WM，一一九頁】誠然，當藝術家自我突破時，即便是用嘻笑怒罵的方式去進行，也要比理論家的嚴肅與深沉，更加嚴肅與深沉。可是，我們若無法清楚地交待他們的嘻笑怒罵，又將如何體會到如此嚴肅深沉的一面呢？這就是翟弗斯與雷比諾對傅柯的反諷所做的解讀。簡言之，即使把傅柯歸屬於現代主義，亦非印証了哈伯瑪斯對後現代的駁斥，相反的，他是爲後現代提供一個哲學論述的典範。

　　接著，我們要從傅柯的思想來說明這種後現代的哲學論述是甚麼。首先，我們還是回到翟弗斯與雷比諾的文章去看。憑甚麼他們要比哈伯瑪斯更能洞悉傅柯的心意？其所依據的理由何在？在該篇文章中，他們對此沒有太多的著墨，只是點出所依據的孔恩(Kuhn)科學典範。【WM，一二○頁】按照傅柯原文所述「我們的歷史存有論」而言，他們的看法其來有自。原來，傅柯論康德的啓蒙不單單是爲了批判理性主體的形上預

設，他的歷史存有論更是針對康德先驗知識的設限而來：「在普遍、必然、義務所充斥的領域中，那些個別、偶然與隨興所致的種種限制其據何在？」隨即，他把這個問題解釋爲：「必然形式限制下的批判必須轉化爲踰越可能形式的實際批判。」【ＷＥ，四五頁】

這種觀點的轉換看起來是件稀鬆平常的事，它其實一針見血地道出後現代哲學論述的核心處。那就是說，任何對形上學的批評未必是要否定形上問題，相反的，形上問題可以藉此否定的方式更加彰顯了[16]。因爲同樣的形上問題可以形構出不同的形上系統，一如不同的問題程序可以在相同的形上體系中並行不悖。依此而言，考古學分析就是異於先驗分析，提出「言說分析」(discourse analysis)的架構，以說明它們共同關切的現實。而系譜學分析雖異於先驗演繹，以偶然性爲立足點，卻同樣地爲現實的說明提供必要的理據[17]。

所以，儘管傅柯考古學的「言說分析」有如李歐塔(Lyotard)的「語言遊戲」一般，反對先驗哲學的普遍結構，卻不曾因此掉入反形上學的情結中[18]，相反的，因爲系譜學的

---

[16]Cf. M. Heidegger, "What is Metaphysics?" in *Martin Heidegger: Basic Writings*, ed. D. F. Krell, N. Y.: Harper & Row, 1977, pp. 95-112.

[17]Cf. J.-F. Lyotard, *The Postmodern Condition*, Minneapolis: Univ. of Minnesoda Press, 1986. 參見註8.

[18]Cf. I. Hacking, "Michel Foucault's Immature Science," *Nous*, 13, 1979, pp. 39-51.

提出，傅柯能夠在踰越邏輯的界限時，不受藝術模糊性之困，成功地爲後現代建立起哲學論述的典範：「這種做爲我們的批判存有論之哲學特質，是一種歷史的實際測試，以檢測我們可能踰越的尺度，因而成爲我們，身爲自由人，對自己的要求。」【ＷＥ，四七頁】畢竟，啓蒙的眞諦「並不是要建立一個最後成爲科學的形上學；而是盡可能地爲不受限的自由尋求新動力。」【ＷＥ，四六頁】

二、科學史哲學的顛覆

在還沒有詳細討論考古學與系譜學之間的關聯如何形成後現代的哲學論述之前，或許我們可以和哈伯瑪斯一樣，質疑上述傅柯所要建立的後現代哲學論述是否眞有可能，但無論如何，絕不能因此視傅柯對後現代哲學論述的建立爲回歸現代主義之舉。哲學論述豈是現代哲學的專利？可是，爲甚麼哈伯瑪斯會視而不見？爲甚麼翟弗斯與雷比諾欲言猶止？甚至包括傅柯本人在這篇短文之中也是吞吞吐吐、語焉不詳呢？這要從傅柯思想的背景去看。不錯，傅柯的思想是受到尼采(Nietzsche)，海德格(Heidegger)，巴岱耶(Bataille)的影響，但是，傅柯自己告訴我們他的受業恩師康居瀚(Canguilhem)才是其思想的源頭[19]。而康居瀚又是承繼巴舍拉

---

[19]M. Foucault, "Introduction," in G. Canguilhem, *The Normal and the*

(Bachelard)的科學史主張而來。因此，我們必須先要釐清這個思想的源頭，才能証明傅柯走的第三條路是不是後現代的哲學論述。

巴舍拉關心的議題，乍見之下，與當代英美哲學有許多重疊之處。其理性與科學的論旨與邏輯實證論的宗旨殊途同歸，他所提出的知識論斷裂(rupture)也與孔恩的科學典範相互呼應，不過，並沒有任何證據顯示他們之間是相互影響的[20]。對巴舍拉來說，哲學對理性的鑽研只有用科學的反省才能表達，而科學的內容也只有用科學史才能解釋。換言之，如同英美哲學的講法，哲學即科學[21]。但不同於傳統的英美科學哲學，巴舍拉的科學建立在科學史上，甚至於可以說不是科學史，而是由一連串不同領域的實際科學研究示之。

於是，巴舍拉的科學史哲學表現爲一種側重於實際的理性分析與應用之應用理性論(le rationalisme appliqué)[22]。這樣的應用理性論，其意在於理性分析的技巧是如何處理日常現實

Pathological, N. Y.: Zone Books, pp. 7-24.

[20]Cf. G. Gutting, *Michel Foucault's Archaeology of Scientific Reason*, Cambridge: Cambridge Univ. Press, 1989.

[21]G. Bachelard, *The New Scientific Spirit*, Boston: Beacon Press, 1984, p. 3.

[22]G. Bachelard, *La formation de l'esprit scientifique*, Paris: Vrin, 1938, p. 61.

的經驗，以及所成就出的科學世界。就此而言，他似乎要比傳統的英美科學哲學更爲激進，因爲應用理性論預設了科學理性所成就的規範可以完全取代經驗世界做爲眞理的標準。相形之下，英美哲學則是建立在古典經驗論的基礎上，而後者對經驗的批判預設了日常經驗的存在，以致休謨(Hume)會認爲：即便我們無法自經驗中歸納出普遍的律則時，也不能因此否定日常經驗的存在，相反的，普遍規律是基於這個現實條件才得以應用出來[23]。

可是，對巴舍拉來說，在日常經驗與科學知識之間是個知識論的斷裂，導致科學知識的形成完全由其應用來決定，與其現實經驗的條件無關[24]。這樣的話，巴舍拉的科學史哲學會不會過於獨斷？不盡然。原來，這個建立科學知識的規範自身也只是個科學史。沒有甚麼永恆普遍的科學準則，科學的形成盡在於科學知識的發展中，在於新舊知識與理論之間的知識論斷裂中。斷裂之前的知識理論對斷裂之後的知識理論而言，只是個做爲超越指標的障礙(obstacle)。只不過，就它本身而言，這些障礙的輪廓(profile)有其積極面，它們提供了科學理念在實際分析中的現實根據。職是之故，科學的發展固然顯示在它克服了過去知識理論所造成的障礙，但是，使它能夠克服的原因仍不外於過去的知識理論，或者，更好說是，對過去知識理

---

[23]Cf. D. Hume, *A Treatise of Human Nature*, Oxford: Oxford Univ. Press, 1978, pp. 1-274.

[24]G. Bachelard, *Le matérialisme rationnel*, Paris: PUF, 1953, p. 207.

論的改進。由於這種解釋，一方面，並不觸及不可驗証的普遍
理念，另一方面，其實在性經由自然科學長足的進步得以確
保。故巴舍拉就此宣稱科學的根據盡在「重現的歷史」上
(l'histoire récurrente)[25]。

這樣的重現歷史爲我們在黑格爾的辯証法之外，找到一項
更有力的根據：黑格爾的辯証綜合建立在正反的對立矛盾之超
越(aufgehebung)，而巴舍拉的重現歷史則是後繼者對過往者
的修正；在修正之中，過去種種未必視爲錯誤而揚棄，而是將
它們重新定位[26]。

這種科學史哲學到了康居瀚的手中更加徹底了。他把巴舍
拉科學史的解釋進一步地放在理論之外去看待，即，科學史哲
學不僅表示著科學即科學史，甚至可以說，只有科學史的存
在，而不曾有科學的存在。於是，科學不再只是理論應用在現
實的成果，而是說，現實就是理論的應用。康居瀚稱此爲科學
的意識型態[27]。它不同於科學家的一種哲學上的意識型態。後
者是指科學家就其所致力的科學研究，標榜其客觀性，因而認
定他們與眾不同的主張。前者則是同時間中不同學科所認定的

---

[25]G. Gutting, op. cit.; p. 19.

[26]Cf. G. Bachelard, "Epistemology and History of the Sciences," in *Phenomenology and the Natural Sciences*, eds. J. Kockelmans & T. Kisiel, Evanston: Northwestern Univ. Press, 1970, pp. 317-46.

[27]Cf. G. Canguilhem, *Ideology and Rationality in the History of the Life Sciences*, Cambridge: The MIT Press, 1988.

知識典範，因自覺到此認定的設定性(presumptuous)，它們容許未來對典範可能的取代。

這種科學的意識型態解決了上述知識論斷裂前後的變化是如何產生的困難。原來，對康居瀚來說，巴舍拉的知識論斷裂與科學史之間仍存在一條無法跨越的鴻溝，斷裂前的知識理論一旦成爲斷裂後知識理論的障礙時，就不可能展現其自身輪廓的積極面，可是，對障礙的超越卻源自於此積極面輪廓的展示。因而，知識論的斷裂杜絕了任何連續性的可能。

在這情形之下，又怎麼可能有科學史的形成呢？因此，康居瀚將理論解釋所造成哲學上的意識型態完全排除在外。這麼一來，科學的意識型態之所以能夠不受其苦，在於它同時是障礙的克服（設定性認定的自覺）與所克服的障礙（標榜認定所形成的典範）。換言之，科學史不是知識論斷裂之集成，科學史就是知識論斷裂。如此說來，直接影響到斷裂的科學規範(norm)其來何自？在《正常與不正常》(*The Normal and the Pathological*)一書中，康居瀚相反傳統科學的設定，指出量化的改變不見得一定是建立在同質性的基礎上[28]。舉個例來說，生物醫學告訴我們，健康與否的規範就不是一種斷然的先驗概念，而是針對不同的情況，身體是否能夠形成不同的規範予以有效地適應。【ＮＰ，一一五頁】所以，當身體不能正常

---

[28]Cf. G. Canguilhem, *The Normal and the Pathological*, op. cit., p. 37-49. 本書此後標註爲ＮＰ.

運作時，我們才會找醫生看病，不是倒過來講，先由醫生告訴我們生病了，身體才有不適的感覺。當然，這並不是說客觀規範因此建立在主觀的感受上，但是，我們也不能就此把先驗(a priori)視爲先天(innate)；畢竟，前者只是個知識論的界限，後者則是種形上的論斷。

這麼說來，對康居瀚的規範會不會沒有一個終極答案可循？確有此慮。可是，我們也不會因此一無所悉。相反的，從他批判孔恩的典範與規範科學來看，規範的制約作用唯有如此才能一勞永逸地脫離心理主義的陰霾。【ＮＰ，二三頁】

三、考古學論規範結構

一旦傅柯思想得以正本清源之後，可以看出早期考古學之異於結構主義絕非他故弄玄虛。不錯，從他最早的作品《心理疾病與心理學》(*Mental Illness and Psychology*)到《瘋狂與文明》(*Madness and Civilization*)[29]，他顯然與當時法國思想界的顯學——結構主義——採取同一的步調，從現象學著重的日常生活經驗轉變爲規範秩序的考察[30]。但他不是經由索

---

[29]M. Foucault, *Mental Illness and Psychology*, Berkeley: Univ. of California Press, 1987; *Madness and Civilization*, N. Y.: Vintage Books, 1973.

[30]參見H. Dreyfus爲《心理疾病與心理學》英譯新版所作的前言，in M. Foucault, *Mental Illness and Psychology*, ibid., pp. vii-xliii.

緒爾(Saussure)的結構語言學或李維史卓(Levi-Strauss)的結構人類學切入；相反的，結構主義用共時性(synchronic)替代歷時性(diachronic)的作法，與傅柯在《瘋狂與文明》中處理心理疾病史的方式格格不入。故唯有透過巴舍拉與康居瀚的科學史，才能理解傅柯何以用歷史的角度說明規範結構，卻無礙於其間明顯的矛盾處。

　　這在《事物的秩序》(The Order of Things)中尤為顯著：他一方面劃分文藝復興、古典與現代三個時期，另一方面，又在古典與現代時期中分別對文法語言、生物自然史與財富經濟三門學科予以解說。於是，到底是時間的變遷決定了空間形式，還是倒過來看？便成為一個兩難的弔詭：若是前者，同一時期的三門學科是依何理據選擇出來的？若是後者，那又為甚麼是三個時期呢？

　　一般以為傅柯並沒有對此做清楚地交待，導致隨後《知識考古學》(The Archaeology of Knowledge)的理論建構根本是個失敗的嘗試[31]。事實上，若按照上述康居瀚之將巴舍拉的科學史哲學徹底化來看，傅柯就是為了要避免這種學者們常用的貌似嚴謹，其實是種先入為主的獨斷論理形式。嚴格地說，對事物秩序的考古學分析不是要建立一個超越時空的必然形式或法則，知識考古學的理論也不是為此成立一個方法論的基

---

[31]M. Foucault, *The Archaeology of Knowledge & The Discourse on Language*, op. cit. 有關學者們對傅柯考古學的批判，同註2。

礎。這些都只是傳統知識型(episteme)的觀點或結構主義的論點。傅柯不認爲有此可能，所以也就無所謂他是否是個後結構主義者的爭論[32]。相反的，如同康居瀚對規範的處理，傅柯表示：若要踰越傳統知識論的瓶頸，面對普遍理念的知識論侷限，不再是異想天開地超越，而是如實地考查知識論斷裂的各種不同的知識型[33]。

這種如實地考查不是就客觀知識(conaissance)的論証而言，而是指實際形成知識(savoir)的興衰。三個時期的劃分指的是這種實際知識的演變，與客觀的知識體系或時代精神(Zeitgeist)無關。至於文法語言、生物自然史與財富經濟學科的考查，純然是史實資料給與，並非思辯選擇的結果，故亦無必要提出依據以供檢証。換言之，考古學所處理的知識乃個別偶然的經驗。此個別偶然性不是相對普遍必然性而來，而是實然的表露。於是，就像康居瀚的規範之做爲知識論斷裂的根據，不會因此被根據的普遍必然性所限。

所以，傅柯的考古學分析盡是些怪里怪氣的東西，像是瘋狂、精神病與生理疾病，但他不是爲了標新立異之故，而是要擺脫崇高理性的宰制，藉由荒謬之踰越理性的限制，突顯其嚴肅深沉的合理面。

---

[32]德里達就是如此批判傅柯。參見 J. Derrida, "Cogito and the History of Madness," in *Writing and Difference*, Chicago: Univ. of Chicago Press, 1978, pp. 31-63.

[33]M. Foucault, *The Archaeology of Knowledge*, op. cit., p. 191.

四、尼采式解讀考古學到系譜學的轉變

　　經此疏通，考古學之建立於系譜學上就不會那麼突兀了。的確，一如梅驥(Megill)所描繪的：傅柯考古學與系譜學之間的關係，如同尼采的阿波羅(Apollo)與戴奧尼斯(Dionysus)般，考古學所開啓的阿波羅式之光明秩序，唯有在戴奧尼斯式的系譜學中才能完成[34]。表面上，光明秩序與酒醉瘋狂是對立的，可是，在尼采的學說裡，這種對立的兩個極端是他們彼此的互動所致，不是倒過來視之爲形成互動的條件。在最早《悲劇的誕生》(*The Birth of Tragedy*)中，尼采就已經一反當時浪漫主義復古的呼喚，讓我們洞悉到眞正存在於希臘文化的虛幻本質[35]。原來，阿波羅不僅是指光明之神，同時也因其光明所產生的幻覺泯滅了現實裡陰暗艱辛的一面。相對的，戴奧尼斯也不只是指黑暗之神，它更因爲它那原始純眞的面貌才可能將阿波羅的面紗揭露開來。

　　然而，這種解法並不像過去一般對尼采的看法所示：他於是從對立極端的另一面來解釋太一的還原，或是天人合一之重

---

[34]A. Megill, *Prophets of Extremity*, Berkeley: Univ. of California Press, 1985, p. 236.

[35]F. Nietzsche, *The Birth of Tragedy*, in *Basic Writings of Nietzsche*, ed. W. Kaufmann, N. Y.: Modern Library, 1968, p. 40.

現[36]。而是說，由於戴奧尼斯的酒醉與瘋狂，無辜的經驗現實
不再，取而代之，則是布蘭蕭(Blanchot)所指的雙重否定之肯
定(affirmation)[37]。這是因爲我們先由阿波羅的光照指向現
實，但光明帶來的暈眩卻阻止了其現實指向之實現，於是，我
們再由戴奧尼斯的黑暗虛幻標明此現實之不可及。當此之際，
由於此說明的否定意涵同時透露出其做爲此說明之不可不及的
肯定意涵，故當現實隨著此意涵的否定之再否定所逼顯的肯定
時，我們所面對的現實將不再是單純的經驗事實，而是對現實
肯定的結果。

　　這和巴舍拉在日常經驗與科學知識之間劃分出知識論的斷
裂，有異曲同工之效。只不過，尼采經由現實之肯定所透露的
斷簡殘篇(fragment)之語法風格，業已爲康居瀚的科學意識型
態提出更有效的哲學理據。故我們在此不妨用史考特(Scott)所
提出的中介語態(middle voice)做進一步地闡述[38]。他根據古
梵文的用法，指出介於主動與被動語態之間，有一種既非及物
亦非自反的中介語態。在這個中介語態中，主詞則是由動詞的
結果顯現的。不錯，今日我們習慣上是用主詞的自反動作來說

---

[36]最顯著的例子如：W. Kaufmann, *Nietzsche: Philosopher, Psychologist, Antichrist*, N. Y.: Princeton Univ. Press, 1974.

[37]M. Blanchot, "Nietzsche et l'écriture fragmentaire," in *Entretien infini*, Paris: Gallimard, 1969, p. 244.

[38]Cf. Charles Scott, *The Question of Ethics: Nietzsche, Foucault, Heidegger*, Bloomington: Indiana Univ. Press, 1990, pp. 19-25.

明它，可是，嚴格地說，中介語態本身不曾具有自反動詞所預
設的自身相連結構，相反的，後者是因爲前者才成爲可能的。
換言之，主詞的動作是基於非主詞的中介語態而及於物，故語
句中所表達的歧義或多義性可以不受主詞意向動作的單一主旨
之限，直接由中介語態表露出來。由於我們是藉此察覺到被當
下現存所遮蔽的當下片刻之變化，史考特建議我們用這個中介
語態去解讀尼采戴奧尼斯的哲學意涵。

那麼，這個中介語態將如何將尼采的哲學揭露出來，以致
它要比康居瀚的科學意識型態更具哲學論述的價值？從早期阿
波羅與戴奧尼斯的對立互動到晚期獨尊戴奧尼斯，我們知道，
尼采是用權力意志(will to power)來說明這之間的變遷，但他
並不是把權力意志當做變化的本質去解釋，而是藉此去描繪其
中的變化[39]。這意味著變化不再由黑格爾式的辯証綜合來超越
對立矛盾，而是以超越自身的(self-overcoming)方式進行
的。因爲否定之否定不是由主體的綜合活動來決定的，相反
的，超越自身之以積極的權力意志取代否定之否定的消極行
爲，完全是因爲上述主詞的虛位化導致對現實的肯定所揭露出
來的。

如此地超越自身，一方面，吻合了巴舍拉與康居瀚科學史
的基本立場，同時，也透露出永恆回歸(eternal return)的哲

---

[39]Friedrich Nietzsche, *The Will to Power*, N. Y.: Vintage Books, 1967, p. 549-50. 參見D. Allison ed., *The New Nietzsche*, Cambridge: The MIT Press, 1985.

學意涵[40]。那就是說，阿波羅與戴奧尼斯之間的對立衝突，只能由這個衝突本身來說明，不能由這個衝突之外的目的或理性來解釋。可是，就在這個衝突本身的說明中，它卻符合了理性解釋的要求。原來，當阿波羅的光明嘗試去照亮戴奧尼斯的陰暗時，它業已淪爲戴奧尼斯所代表的權力意志，因爲唯獨如此它才有可能產生影響。這麼一來，戴奧尼斯變成唯我獨尊的了。

然而，如此地獨尊戴奧尼斯之下所顯示的永恆回歸雖然一方面因此墮入萬劫不復的境地，另一方面，它卻滿足了阿波羅光照的初衷，因爲唯我獨尊的戴奧尼斯無異於與阿波羅對立的戴奧尼斯，只不過是，前者代表著後者的自我超越，而這正是阿波羅光照的目的所在，也就是對現實做肯定。

但是，這和中介語態又有何關聯呢？原來，一旦權力意志將現實的變化描繪出來，被描繪的現實立即爲權力意志的描繪所取代，這使得權力意志對現實的描繪變成一個沒有中心焦距的動作。因爲它不再由所描繪的對象釋出，而是由其描繪的動作展現出來。如此展示出的權力意志並不代表它是傳統定義下的普遍本質，相反的，它是因爲失去現實的焦距轉而成爲一股與現實相抗衡的力量。當權力意志愈是用來描繪現實，它愈是對現實形成不斷地壓制。於是，如此去壓制現實的本身，對權

---

[40]F. Nietzsche, *Thus Spoke Zarathustra*, Harmondsworth: Penguin, 1964, p. 331.

力意志而言，反而表現出一種永恆回歸的自我肯定。在這自我
肯定中，由於所肯定的自我不是一成不變的形上同一性基礎，
而是不斷壓制現實的權力意志所成就出種種相反相成
(transvalution)的活動，這就形成了自我超越的系譜學。顯
然，由於它不是由黑格爾式的主體對客體的否定來顯示其自我
超越，故只能用不涉及主詞的中介語態來表現其相反相成的功
能，即，由相反主體活動的動作，其所形成之內容為無我的自
我。

　　這種由中介語態所表露的系譜學是尼采在《論道德的系譜
學》(*On the Genealogy of Morals*)中利用禁欲理念(ascetic
ideal)的弔詭來伸張的[41]。原來，在權力意志描繪的變化中，
人是透過禁欲理念為現實找尋一平衡點。不過，這項平衡點之
所以得以發用卻是因為它與現實的不平衡相互衝突所致，並非
真有個平衡的本質。故就其自身而言，它非但不是平衡的中庸
之道，同時必須是個不平衡才能超越現實的不平衡。這麼一
來，它不僅開啟了對不平衡的超越，其自身亦無異於那些有待
超越之不平衡。可是，禁欲理念畢竟是用來代表一平衡點的，
故，尼采說，它對不平衡的超越實際上是在禁欲理念的自我否
定或不斷地自我修正中顯示出來。換言之，系譜學所表達的積
極意涵建立在禁欲理念的消極意涵之中。

---

[41]F. Nietzsche, *On the Genealogy of Morals*, N. Y.: Vintage Books, 1969,
p. 120.

　　就一般的形上言說而言，這種弔詭離不開一種本質爲虛無主義的極端懷疑論。可是，對尼采而言，正因如此，才有系譜學的可能。也就是說，系譜學與禁欲理念不是正反之間的矛盾綜合，而是同出一源，卻產生迥然不同的效果，好比用來治病的藥，其本身也是一種毒，卻能以毒攻毒，爲人治病。顯然，問題不在系譜學所據爲何，而在系譜學的積極意涵如何來自於禁欲理念的消極意涵？

　　顧名思義，禁欲理念就是相反現實生活中的種種，皈依於一至高無上的趣旨。可是，就其價值而言，這個至高無上的趣旨卻只有在相反現實生活種種的實踐行爲中得以落實，否則無以爲依歸。換言之，至高無上的趣旨顯現於現實生活的無趣之中。如此明顯的弔詭表面上使得禁欲理念自相矛盾。可是，禁欲理念實際上卻是因爲這種荒謬、無意義而得以存在。

　　何以如此呢？尼采認爲這是因爲一種對生命更強烈且近乎非理性依戀所致。就是如此，在禁欲理念的實踐中產生一種與其訴求背道而馳的系譜學，其自我之肯定。所以，當禁欲理念的意義得以正面挺立之際，亦正是對其自身理念的取消。可是，也唯獨在這消極意涵顯示的同時，我們才能認淸其積極意涵所在。因爲，此刻，系譜學的無我使得禁欲理念的自我否定不再，故一如中介語態所示，如此對理念最後的自我肯定實際上是由實踐中的自我超越實現出來的。反過來說，中介語態之所以能於此揭示，則因爲系譜學的自我肯定乃禁欲理念自我否定的實踐所導致的自我超越，並非朝向理念的主動超越。所以

系譜學的自我肯定其實就是對禁欲理念，其自我否定的運用而不自知，加以重申而得以肯定，不過，這也只能藉由中介語態提醒之。因此，尼朵才能夠在不離虛無主義的前提下，表現出另一種形上觀，爲當今後現代所推崇[42]。

五、系譜學之實效歷史

對傅柯來說，這種系譜學的後現代意涵，誠如上述，是由康德的自主理性在其現時之歷史背景中自覺出來的。不過，雖然傅柯的系譜學是要彌補考古學的缺失，但是他所關心的論題並不因此離開知識結構的問題，相反的，在〈語言論述〉(The Discourse on Language)這篇就職演講中，傅柯指出當考古學就言說分析處理斷裂中的連續性問題之際，言說的實際形構是由系譜學來擔綱的[43]。那麼，這個做爲考古學與系譜學共同主題的言說分析又是甚麼？它怎麼會讓不同性質的考古學與系譜學連成一氣？

原來，當傅柯在《事物的秩序》中如實地考查實際形成的知識之興衰後，他企圖進一步地用《知識考古學》這種個別偶

---

[42]Cf. Gilles Deleuze, *Nietzsche and Philosophy*, N. Y.: Columbia Univ. Press, 1983.

[43]M. Foucault, *The Archaeology of Knowledge & The Discourse on Language*, op. cit., p. 234.

然的歷史知識建立起一客觀的知識結構。然而，由於這種客觀的知識結構不是來自於客觀知識的論証，傅柯於是用一種別於命題形式的陳述(statement)，來表達其論証的形構[44]。這種非論証形式的論証就像檔案資料的建立般，不是根據甚麼預先規劃好的系統分門別類地去處理。由於資料的累進無始無終，我們必須就現有的資料做暫時地規劃，並隨時因新進的資料做補充與修正。這樣形構出來的客觀知識結構看起來相當粗糙，其實它忠實地反映著我們實際經驗知識的形成。傅柯認為知識的客觀性盡在於此，而不是去符合甚麼預先制定的規範。因此，相反概念分析的程序之先將雜亂無章的經驗對象還原歸納為知識素材，再根據其統一的意涵形構出一套客觀有效的知識結構，考古學分析則是描繪陳述事件的存在條件，將其各種可能性予以挖掘出來，再從這個多元差異中來說明其變化的連續性。

這麼一來，他要比康居瀚將巴舍拉的科學史哲學嚴格化更加徹底了。原來，經此考古學分析，一切皆為言說，科學不過是言說中的一種，以致言說取代科學的地位成為客觀知識的根據所在。隨之而來的是，知識客觀形式不再侷限在知識的形式裡，而是由其權力的成效(Power of effects)表現之。因為，知識結構的客觀性不是統一的概念指導出來，而是由其多元差異的存在條件建立起來。換言之，客觀的知識結構是知識實際

---

[44]Ibid., p. 125.

地運作所影響出來的[45]。因此，在運作上，有效的技巧取代了論証的主題，導致其客觀形式最後由其成效決定之，卻又不因此墮入相對主義之中。無怪乎傅柯對考古學秩序觀的建立始終致力於人文學科的考察，而這和巴舍拉、康居瀚的科學史哲學非但不相互衝突，反而是一脈相傳的。

然而，如此權力成效所成就的客觀知識是怎麼跳離相對主義的陷阱呢？這便是巴舍拉與康居瀚透過知識論斷裂所建立的科學史哲學將如何在尼采式的系譜學中獲得明確定位的問題。在和〈語言論述〉同一時期的另一篇重要的文章——〈尼采，系譜學，歷史〉(Nietzsche, Genealogy, History)——中，傅柯參照尼采的系譜學開啓了處置不連貫個別事件所做的系譜學分析[46]。這就是說，言說分析所開展的知識結構是由系譜學所面對的事件之表面決定出來的。

憑甚麼系譜學可以如此解決考古學的難題呢？原來，系譜學不像一般哲學的詮釋企圖挖掘事件背後的深層意涵。那種作

---

[45]在一九七六年元月的一次演講中，傅柯指出：這種實際運作所形成的客觀知識形式不是針對科學的內容、方法與概念的反動所致，而是相反我們現今科學言說所形成的大一統的建制，見M. Foucault, "Two Lectures," in *Power/Knowledge*, ed. C. Gordon, N. Y.: Pantheon Books, 1980, p. 84. 至於這種實際上由權力運作所成就出的客觀知識形式之分析，參見M. Foucault, "How is Power Exercised?" in H. Dreyfus & P. Rabinow, *Michel Foucault: Beyond Structuralism and Hermeneutics*, op. cit., pp. 216-26.

[46]M. Foucault, *Language, Counter-memory, Practice*, ed. D. F. Bouchard, Ithaca: Cornell Univ. Press, 1977, pp. 139-64. 本書此後標註為ＮＧＭ.

法預設了深層意涵的存在，基於此，哲學詮釋的目的便只是去
說明這個深層意涵究竟是甚麼。這裡顯然出現了一個論理上的
困難：在不知其爲何物之前，我們又何曾知其存在？因此，傅
柯在系譜學的作法中，先將這個未經証實的深層意涵存而不
論。【ＮＧＨ，一八九頁】接著，把它還原到對深層意涵所進
行詮釋的活動中。換言之，對所詮釋的東西而言，不是由對象
事物來決定的，而是由實際詮釋的活動力量決定出來的。這麼
一來，對系譜學家來說，事件本來就是清楚明晰的，它之所以
會隱而不彰則是受到我們對它的詮釋所致。

　　在此，我們可以看到海德格形上學毀壞的痕跡[47]。誠然，
傅柯最早是受到海德格思想的影響，但隨後發展出的考古學卻
不同於現象學；傅柯認爲，若要說明它，不是還原到物自身，
而是將我們對事件的種種詮釋記錄下來[48]。然而，這項由幽暗
到清明的工作不是考古學所能負荷的，必須交由系譜學來處
理。【ＮＧＨ，一五一頁】因爲，當此之際，深層意涵不再是
眞理的化身，反而是所有誤解的始作俑者。也就是說，在缺乏
做爲檢証對象的物自身情形下，不同詮釋的差異使得彼此都受
到侷限。故詮釋的目的不再是眞理的尋覓與價值的運用，而是
用以凌駕其他詮釋的策略。這麼一來，人文活動所成就的歷史
自然不再是追隨一個普遍永恆的理性，而是將理性當作策略在
各種不同關係衝突中，不斷地自我超越。如此形成的歷史被傅

---

[47]同註30。

[48]M. Foucault, *The Archaeology of Knowledge*, op. cit., p. 164-5.

柯稱之爲實效歷史(wirkliche Historie)，【ＮＧＨ，一五七頁】這種釜底抽薪的解決方式才是系譜學與考古學的關係所在，實非一般所謂的補充或深化。

不過，我們是否能夠因此宣稱系譜學取代了考古學？不盡然。如同尼采系譜學所申張的權力意志般，傅柯並不認爲權力的成效所建立的客觀知識結構是要成立一個普遍的理論。不錯，實效歷史是有其邏輯性格，所以才有系譜學之說。可是，做爲規範的邏輯並不因此成爲眞假判斷的標準，相反的，正因爲在應用上無所謂眞僞之辨，它才有規範的功效。

在《紀律與懲罰》(*Discipline and Punish*)中，傅柯就是用十八世紀末邊沁(Bentham)所設計的圓形監獄(Panopticon)，來說明這種非理念規範的形成[49]。原來，當這個用來監控囚犯的監獄設計最後之所以被普遍廣汎地應用到，不是因爲它設計合理的緣故，也不在於它是否眞的能有效地控制，而是其功能完全彰顯在其權力的運作上。一旦其他社會制度，諸如：醫院、學校...等等陸續地採用同樣的方式去管理，它就變成後者的典範。由此觀之，如此形成的規範不在於

---

[49]圓形監獄是根據可見(visible)與不可見(invisible)對等張力的關係，讓受刑犯無時無刻不被一覽無遺。當受刑犯感到自己隨時隨地都被監視時，監視者至高無上的權力無需展示就已經達成。換言之，權力的成效不是來自權力擁有者的剖析，而是受制者的反應所致。這於是一方面構成了主體的實然基礎，另一方面，証明了非理念規範形成的依據。M. Foucault, *Discipline and Punish*, N. Y.: Vintage Books, 1979, p. 202-3.

它是否是完善的，相反的，只有在現實中不斷地修正才能顯其效。

　　無疑的，這麼一個規範邏輯只有在系譜學中才得以說明。但是，這並不代表系譜學立即成就出另一種嶄新的知識結構。誠如前述，這種對知識結構的說明是因爲考慮到實際形成知識的權力運用關係，而使得知識的建構更加周詳。可是，正當它有效地說明之際，其自身反而隱而不彰，只有客觀的知識，不見其權力運用之蹤跡。於是，就像尼采的禁欲理念，它的積極內含只有在紀律的形成中伴隨而出。換言之，我們只能用它來說明規範的形成，卻不能因此將它加以規範。不過，傅柯認爲，這非但不是它的缺點，反而是它的美德。因爲，這麼一來，也就不會有理論僵化的疑慮。若一定要用知識的形式去看待它，那就是因爲紀律的形構變成一種建制。做爲建制，它不只是針對人的思想，更包括了身體力行的部份。於是，客觀知識的問題蛻變爲倫理學的問題。可是，我們將怎麼去說明這個理論與現實混同在一塊的學說呢？這就是本文的主旨所在：後現代的哲學論述是甚麼？

六、主體倫理學的後現代哲學論述

　　不錯，一旦建制用在人身上，便成爲倫理學的問題。然而，在系譜學的觀點下，傅柯的用心在於倫理學未必會變成人

的桎梏，相反的，透過性欲(sexuality)這個人文活動最強烈的建制，突顯出真正做為主體的個人存在[50]。誠然，就其晚期致力的《性史》(*The History of Sexuality*)而言，後現代的哲學論述才有個具體的規模[51]。原來，在這部未竟之作中，一方面，他承繼尼采的系譜學分析從而積極地刻劃考古學的真理觀(régime du savoir)，再方面，他就這種真理觀的倒轉所鋪展出的一種非純粹理論意義下，亦非實踐性格上之現代主體(subject)，跳出尼采的陰影回歸康德所啓蒙的現代思想，強言李歐塔所謂的不可名狀[52]。

　　然而，這種根源於權力成效的照顧自己(care of the self)，畢竟迥異於康德以降由知識所主導的主體性原則。對比之下，傅柯認為，後者不過是一種個體化的管理(goverment of individualization)；這種普遍理性化的過程並沒有其實然的內在理性之根據，而是源自於基督教文明對個人內心世界做

---

[50]M. Foucault, "Why Study Power: The Question of the Subject," in H. Dreyfus & P. Rabinow, *Michel Foucault: Beyond Structuralism and Hermeneutics*, op. cit., p. 208.

[51]M. Foucault, *The History of Sexuality*, vol. I, *An Introduction*, vol. II, *The Use of Pleasure*, vol. III, *The Care of the Self*, N. Y.: Vintage Books, 1978, 85, 86. 此英譯與法文原著序列有些出入。在法文原著中，英譯的第三冊原來是用來補充第二冊所作，原著的第三冊則是 *Les Aveux de la chair.* 參見M. Foucault, "On the Genealogy of Ethics: An Overview of Work in Progress," in *ibid.*, pp. 229-30.

[52]同註8。

全面的把握，故被傅柯稱之爲傳教的力量(pastoral power)[53]。有鑒於此，他於是根據系譜學將一般形上問題的思維轉化爲技巧層面的考量，特別在《愉悅之用》(L'Usage des plaisirs)與《肉慾自白》(Les Aveux de la chair)之間，另作《照顧自己》(Le Souci de soi)比較古希臘以自然爲美的倫理學與基督教嚴峻去慾的倫理學，以彼此之間的差異積極地闡明他所謂的主體倫理學，和康德之以普遍道德律爲準繩的實踐理性截然不同之處。簡言之，面對眞正做爲主體的個人存在，他不是要求一個完全符合眞理形式的無上命令，也不是爲現代理性的未竟之業，以古希臘倫理學的實在之美(aesthetics of existence)另謀出路，而是用問題化(problematique)的方式將一切存疑，再由權力之及於人的成效建立規範，或是說，規範化(normalization)[54]。

---

[53]Cf. M. Foucault, "Why Study Power: The Question of the Subject," op. cit., pp. 212, 214-5.

[54]在傅柯臨終前最後一次的訪問中，他將他的哲學思想定位於「問題化」這個概念上。雖然這個概念的意涵雷同於德里達的解構，即：不是爲了謀求一解決方案而設立的，相反的，它是用來顛覆一切可能的解決之道。不過，由於「問題化」是針對規範化而來，故一旦所有困難與障礙被問題掃除之後，剩下來的，不是如何積極去建設，而就是積極性所在之處。這也就是傅柯與德里達不同的地方。當德里達去解構文本時，傅柯的文本就在現實裡，而他的「問題化」表現在政治策略中。如此顯現的正是貫穿各個歷史斷裂的規範化。見M. Foucault, "Polemics, Politics, and Problemization," in The Foucault Reader, ed. P. Rabinow, op. cit., pp. 381-90.

　　這麼一來，後現代的哲學論述是甚麼便得以朗現了。它不外乎現代的哲學論述。不同的是，康德憑藉著理性的制約(regulative)能力來說明主體的自主性，對它來說，太過於空泛，不及尼采的權力意志來得徹底。然而，一旦套進以自由爲主的現代脈絡之中，權力的運用也就不只是對文化歷史進行詮釋，更是藉此問題化的方式具體地去實現規範；當此之際，眞理因權力的反擊而更爲茁壯，所以傅柯能突破後現代情景，建立起其哲學論述。雖然，這個後現代的哲學論述一如現代主義對它的反駁，同樣是現代理性的未竟之志，包括傅柯晚年的學說是個最佳的寫照。但是兩者之別充分顯示在這個雷同之中，現代主義始終眷戀著普遍永恆的理性，儘管它不曾完整地體現出來；而後現代主義在不斷地詆毀理性的過程之中，卻意外地免除了普遍理性根深蒂固的缺陷。

　　然而，如果說後現代主義接受了這個差異性，它反而拓展不出其應有的哲學論述出來，一如哈伯瑪斯所指。所以當傅柯站在反主體的角度勇敢地去面對現代主體的反撲，編史性的系譜學非但不會因此陷考古學於不義，反而爲後現代的哲學論述開闢出一片光明的遠景。

附　錄
二十世紀末的西方哲學

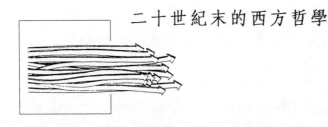

　　二十世紀九十年代的西方哲學是甚麼？經由這個明確時空範疇的界定，照理我們應該有一個清楚的認識才對。事實不然，或許是時間太近的緣故，或許是因爲愈來愈多的資訊難以掌握，我們非但不能對這個問題有所認識，反而經常被類似的問題弄得一頭霧水。這難道就像一般人常講的，完全是由於變化多端的現狀造成的？果眞如此，我們又爲甚麼對周遭生活一目瞭然並習以爲常呢？經此反問，再回頭看我們的問題，不難察覺出其間的差異。原來，九十年代不僅是個按年代序的符號，更要表達世紀「末」的歷史意義；代表歐美的西方世界也不完全是個地理名詞，它亦包括了不同社會文化之間的互動關係。不明此義，爲能獲得明確的認識？然而，除此認知方式之外，還有甚麼方式好讓問題迎刃而解呢？

　　這是一個哲學問題。它導引我們到二十世紀末的西方哲學中。原來，當前熱切討論的現代與後現代之爭[1]，即針對這個問題而來。因此，若把二十世紀末的西方哲學視爲西方文化互動的結果，就不妨說明這個互動的過程，以解答我們的主題。

一、一種不以人為本位的人文科學

　　誠如海德格(Heidegger)一篇文章的題目〈哲學的終結〉所示，哲學的傳統地位——一門普遍且根本的科學——正受到空前地批判。在哲學史上，以往不乏各種批判哲學的先例。可是，像現在這樣對哲學予以根本且普遍地批判卻是不曾見過。不論是哈伯瑪斯(Habermas)解釋此現象爲現代啓蒙(Enlightenment)精神的延續，還是李歐塔(Lyotard)所解釋的後現代「敘事」(narrative)[2]，似乎沒有人再對傳統哲學所堅持的事實眞理有任何信心了。一旦永恆的價值不再，是否就只剩下所謂的「後現代情景」：虛無、焦慮與物慾橫流呢？傅柯(Foucault)認爲不盡然，後現代情景其實只是說以自我爲中

---

[1]J.-F. Lyotard, *The Postmodern Condition: A Report on Knowledge*, Minneapolis: Univ. of Minnesoda Press, 1984, J. Habermas, "Modernity versus Postmodernity," in *New German Critique*, 22, 1981, pp. 3-14.
[2]即經驗如實地陳述。至於是否眞的如實，不是靠論証預先佐証，而在於其運用的效果上。見Lyotard, ibid., p. 27.

心的人不見了而已，哲學仍舊是以一種「人文科學」(Human Science)的方式出現[3]。它之所以是一門人文科學，因為它處理的對象是多元化社會中的種種人文活動；和一般人文科學不同之處，則在於面對我們與周遭界的互動關係時，它不以人性、理性或精神等理念去界定現實具體的人。

接著要問的，顯然，是這個不以人為本位的人文科學為何？在答覆這個問題之前，我們先要由「它是如何可能的？」問題，區別流行的知識與哲學的探討，這兩種不同的了解，就前者而言，李歐塔觀察到，由於現代科技的一日千里，傳統的思維模式(metanarrative)已經無法負荷無限擴張的資訊。不過，身為哲學家，他同時知道哲學不會因此死亡，充其量，那只是傳統的思維模式逐漸凋零罷了。故就哈伯瑪斯對他反駁所持的立論點一般，李歐塔的立論點亦指哲學的傳統精神非但不曾逝去，反而因著科技資訊迅速地傳播，不斷地延伸到各個不同的領域中。然而，如此得來的印象只是表面的。若是做深一層地考察，不難了解到兩者的論點迥然不同。

承繼著德國的哲學傳統，哈伯瑪斯認為當傳統「主體掛帥」(subject-centered)的哲學觀消失之際，多元化社會活動的研究，應像黑格爾無限精神的「落實」(embodiment)般，必須在主體間互相溝通(intersubjective communication)的

---

[3]M. Foucault, *The Order of Things*, N. Y.: Vintage Books, 1973, p. 379.

「共識」(consensus)理念下進行[4]。換言之，這些研究是因爲
秉持著傳統哲學的批判精神，對過去非哲學的素樸研究加以反
省所致。故就哲學的基本功能而言，這種批判性的人文科學無
異於傳統哲學的角色。相對的，在法國前衛思潮的影響下，李
歐塔認爲人文科學本來就不在乎人是否存在的理念問題，此刻
強調的只是如何認眞地扮演人在社群中的角色。不要再藉著理
論的發明，獨斷地自以爲是；就像杜爾淦(Durkheim)，只爲
了滿足公眾意識(collective representation)存在的要求，強
行預設圖騰制度(totemism)的基礎理論。相反的，我們應該從
多采多姿的文化活動中，直接由其相對的面貌中蘊育出契合傳
統哲學的絕對精神。經此考察，不難看出哈伯瑪斯與李歐塔的
不同立場，不過，有趣的是人文科學的哲學性非但不應被取
消，反而從他們共同的論點，突顯出它的可能性。

　　那麼，它是如何成爲可能的呢？就哈伯瑪斯的現代觀點，
後現代只是現代的繼續；可是，對李歐塔的後現代來說，後現
代正是因爲與現代全面的決裂造成的。顯然，先前觀察到的共
同論點此刻不足以爲恃。在此情形下，我們又如何形構出歷史
的連續性，以說明人文科學的可能性呢？在《現代性的哲學論
說》中，哈伯瑪斯認爲現代之有別於後現代，是因爲有個未來
可言，故能以樂觀進取的態度推動歷史的輪軸；相反的，後現
代則因爲業已步入現代預期的未來之中，而本身又無一未來可

---

[4]J. Habermas, *The Philosophical Discourse of Modernity*, Cambridge: The
MIT Press, 1987, pp. 294-326.

期待，故表現爲一種末世論(eschatology)的論調[5]。然而，傅柯認爲這種尼采式的悲劇性格不等於悲觀。後者是無助的，前者卻是自主的。其自主性正展現在它對現代性的批判中。二十世紀末的歷史意義因此彰顯出其特性來。那就是說，後現代的歷史觀異於現代的歷史觀。後者認爲人文歷史的解釋是根據自然歷史的模式而來，前者則認爲歷史的連續性建立在各個不連續片斷間——亦即所謂的「知識論的斷裂」(epistemological break)[6]——的跳躍上；故每段人文歷史的發展，皆因知識論上的瓶頸而宣告結束，跳出此瓶頸的，則是另一段人文歷史的開創。

二、二十世紀的知識論斷裂

現在我們要問這個造成現代與後現代決裂的二十世紀知識論瓶頸何在？眾所皆知，在十九世紀中葉，當黑格爾的「凡存在即合理，凡合理即存在」把觀念論的體系發展到登峰造極之際，由於少壯黑格爾學派(Young Hegelian)對此理性作爲絕對精神的講法大肆批評，使它突然間消失無蹤，充斥於其間的種種叛逆性主張，以馬克思的共產主義爲例，固然對當時的現狀有長遠的影響，但就哲學理論而言，十九世紀末的主流屬於

---

[5]Ibid., p. 5.

[6]M. Foucault, op. cit., p. xii.

以「回到康德」爲口號的新康德學派。尤其是高舉科學主義旗
幟的馬堡學派(Marburg School)，他們認爲唯有透過康德批
判哲學的嚴格科學方法，才能彌補觀念論空洞的缺失；故強調
以實事求是的實證態度，把黑格爾掛空的「落實」觀念予以眞
正地落實。

　　就今天的哲學發展來看，此派學說早已是昨日黃花。不
過，經此啓迪出來的邏輯實證論(Logical Positivism)與現象
學(Phenomenology)，則被公認爲西方當代哲學的源頭。前者
承繼新康德學派的哲學理念，從事於科際整合的工作；後者則
發揚他們的哲學精神，進一步地反省甚麼才是嚴格的科學。

　　首先，讓我們來看英美邏輯實證論到分析哲學的發展，從
早期的維根斯坦(Wittgenstein)與弗雷格(Frege)倡導的數理
邏輯，到晚期的維根斯坦與奧斯丁(Austin)開創的日常語言學
派，那種以邏輯客觀形式的探究達到嚴格科學的訴求，早已做
了大幅度的修正。然而，不論我們視此爲原始計畫的徹底失
敗，還是精益求精的落實過程，不可否認的是他們充分表現出
現代屹立不移的啓蒙精神。面對一切經驗事物，我們唯有透過
明確的客觀知識，才能決定是否有所認知。儘管這種客觀知識
的標準業已由邏輯的一致性(consistency)轉變爲語言的療效性
(therapeutic)[7]，我們知道，他們之所以仍然會表現出如此一

---

[7]維根斯坦在《哲學探究》中提出此概念：語言的意義不是建立在符號與事實的相
符上，而在於語言的使用是否符合有效的模式。換言之，後者的目的不在於理論的
建構，而是對各種混淆與困難哲學問題的解決。

貫作風的原因，不外於分析的理念與實証的方法。前者植基於
量化(quantification)的假設，以致他們把一切經驗的指涉
(reference)關係，解析成意義(sense)表達的精確依據，以供
預測。後者則由一對一的符應(one to one correspondence)
觀點，自雜亂的經驗中歸納出不變的律則，以便控制。由於如
此形成的客觀知識源自於經驗事實，我們藉此便能有效地把握
所有可運用的資源，以利用我們的周遭生活。此一實效
(efficiency)的把握，頓時使分析的理念成爲哲學眞理的代言
人，而實証的方法亦成爲各個學科的不二法門。

　　雖然，隨後的奎因(Quine)之不可測原理(inscrutability)
以及波柏(Popper)之謬誤性(falsification)的發現[8]，均推翻了
卡納普(Carnap)原先的理想抱負；這個學說實際上卻征服了現
代人的生活觀。在日常生活經驗裏，實效不正是我們價值取捨
的準繩嗎？清晰不也就是我們行動法則的依據嗎？就此觀之，
黑格爾觀念論中所透露的傳統形上學迷思才徹底崩潰。

　　與邏輯實證論同步的歐陸現象學，在開始的發展中與前者
有異曲同工之妙。胡塞爾(Husserl)早年「回到事物自身」的
科學理論，似乎重覆著同樣的論調。可是，當他嚴厲地批評邏
輯哲學中的心理主義時，他不再是個科學主義的附庸者，而是
對嚴格科學的理念提出哲學的反思。原來，做爲現象學方法的

---

[8]奎因的不可測原理是指我們無法透過現實行爲的模式，百分之百地確定共同語言
的同一基礎。波柏的謬誤性則是指科學的發展不是建立在業已証實的普遍通則上，
而在尚未推翻且有待推翻的假定上。

現象學還原(phenomenological reduction)不只關心到經驗事
實的客觀形式，更重視精神生活的實質意義；在後者中，「意
向性」(intentionality)的科學意義脫離了素樸的心理經驗層
次，展現出超越經驗(transcendental experience)的領域[9]。
因而，客觀知識的目的不再是爲了控制經驗世界的資源，而是
追問這種想法的根源(origin)：爲甚麼我們想要去控制？經此
反問，我們對周遭生活的描述亦不再侷限於做爲充塡知識內容
的經驗與料，更包括了做爲價值判斷與行爲措施之源起的主
體。這個主體是甚麼？它是誰？被分析哲學的客觀知識形式所
忽略的經驗事實，皆在這個哲學反思的光照下無法遁形。

　　由於胡塞爾現象學表現的現代意識與邏輯實證論的表現明
顯不同，他處理的課題亦由十六、七世紀啓蒙時代所面對的主
客二分下之自然世界，回到一個古希臘所嚮往的天人合一之境
界――生活世界(Life-world)。當古希臘人面對宇宙與人生，
問及那是甚麼時，並非要滿足一種可供利用厚生的知識欲求；
他們只是單純地想認識到它。當然，胡塞爾也不是一個浪漫主
義的信徒，骨子裡他流的仍然是科學家的血液。於是，在開啓

---

[9]意向性是指：當我們意識到事物時所發生的連繫。這個連繫是個心理事實。但是，
超越領域則要問這個心理事實是怎麼可能的。後者則由現象學還原對事物存在的存
而不論，以便對事物的經驗(experiencing)能以所經驗到事物(experienced)的方式
有效地呈現之。Cf. E. Husserl, *Ideas pertaining to a Pure Phenomenology
and to a Phenomenological Philosophy*, First book, The Hague: Martinus
Nijhoff, 1983, p. 73, 113.

了真實的生活世界後，他並不因此沈醉在真實的鑒賞中。相反的，他回到現實經驗，嘗試從人文世界的形構(constitution)中，闡明這些經由現象學的本質直觀(Wesenschauen)所看到的種種奧秘[10]。

不過，對這項形構工作的詮釋卻引發了持久不斷的爭論。有人主張這項工作仍屬於知識基礎的超越哲學之職責，諸如：殷家頓(Ingarden)、莫漢諦(Mohanty)等人。他們的根據是胡塞爾始終排斥謝勒(Scheler)與早年海德格的哲學人類學之傾向。另外，也有人認為這項工作必須落在人文科學的身上，諸如：舒茲(Schutz)、顧維茲(Gurwitsch)等人。他們的根據則是胡塞爾一再從超越還原中回到現象學心理學的建構。不論胡塞爾的本意為何，經由現象學的詮釋，現代與後現代的裂痕是顯然易見的。

三、從現代到後現代的跳躍

當現代與後現代之間的裂痕愈來愈明顯時，率先跳出這個知識論瓶頸的乃是風行一時的存在主義(Existentialism)。沙特(Sartre)的「存在先於本質」，便是把胡塞爾的哲學反思應

---

[10]本質直觀是指經驗到事物的各種內容。後者不等於前者；但沒有後者，前者也就不可能。故當這些內容經由我們的意識活動，如實地在我們的意識裡呈現為此事物的內容時，客觀事物便因此被形構出。Cf. ibid., p.8, 128.

用在我們的周遭生活中。就像分析哲學的計量方法被廣泛地運
用在各個實證學科中一般，現代與後現代之間的界限因此變得
模糊不清。這種經由現象學方法所印証出來的生活世界，與齊
克果(Kierkegaad)具體感受的內心世界相互呼應，便成為一個
嶄新的文化世界。

　　在這個世界裡，人文活動當然不再被視為自然活動的複製
品，而是人在世界(In-der-Welt-Sein)的本然[11]。如此獨立自
主的文化世界，一方面，類似於康德的哥白尼式革命，把一切
存在歸諸自由抉擇(free choice)；於是，自然世界有如海德格
所宣稱的「此有」(Dasein)乃通往存有唯一的途徑般，蛻變成
人文活動中的一個向度。另一方面，存在主義也明白此舉有回
到觀念論的獨斷之嫌，故嚴格地劃分出具有超越性格的認知主
體(Ego cogito)，與身為價值取向的具體存在(Existenz)[12]之
差別。那就是說，後者不是由現實的顯明性透露的，也不是由
知識的明証性佐証的，而是透過種種內心感受的描述，從人具
體的存在深度中掘發出來的。這也就是為甚麼沙特聲稱存在主
義是一種人文主義的由來。

---

[11]此乃根據海德格提出的概念：人面對的世界並非單純的物理世界，而是透過工具
性的使用與被使用之互動關係所示之在世存有。M. Heidegger, *Being and Time*,
N. Y.: Harper & Row, 1962, p. 96.

[12]此亦源自於海德格的ek-stasis：我之超越自我(stasis)而向存有開顯(ek)。沙特
在《存有與虛無》中則以價值取向來說明這個朝向存有的開顯。J.-P. Sartre,
Being and Nothingness, London: Methuen & Co., 1957, p. 76.

　　不過，對海德格、梅洛龐蒂(Merleau-Ponty)而言，這種
人文主義式的說明固然避免了近代知識論的困境，卻難以逃脫
傳統形上學枷鎖。職是之故，沙特隨後投向於馬克思主義的懷
抱，而海德格開啓了當代詮釋學(Hermeneutics)的新紀元，梅
洛龐蒂則進一步地透過結構主義(Structuralism)找回第二
春，以確立存在的客觀基礎。

　　的確，就在存在主義盛極之際，以柯傑夫(Kojève)爲首的
法國思想界就企圖爲黑格爾翻案，把觀念論的體系重新詮釋爲
人文歷史的展現。但是，他們無法消除人們對絕對精神中所隱
含的法西斯傾向之畏懼。因此，爲了一勞永逸地解決這種人文
思想可能帶來的危機，替人文世界建立一個客觀架構的結構主
義便應運而生了。

　　李維史卓(Levi-Strauss)的結構人類學即依照索緒爾
(Saussure)的語言觀－－語言的意義是由客觀的語言系統
(langue)決定的，並非主體的言語活動(parole)所致[13]－－爲
存在主義開拓的人文世界，進一步地發展出一門名符其實的人
文科學。做爲這門人文科學的範本，不外乎自然科學的嚴格形
式下所要求的客觀結構。不過，它不因此在處理對象事物時偷
渡到自然物理世界中，而是固守在人類歷史文化所結晶出來的

---

[13]索緒爾認爲語言是不具形上實體的形式，由是，才可能表現出偶然多樣的內容，
因此，語言意義的界定不應由形成符號的源由來看待，應從各個符號的排列所組合
成的系統考察之。F. de Saussure, *Course in General Linguistics*, La Salle:
Open Court, 1988, p. 111.

文化世界裡。可是，我們又怎麼從主觀相對的文化世界中樹立
起一個絕對的客觀架構呢？

就拉崗(Lacan)的心理分析，巴特(Barthes)的文藝批評與
阿圖瑟(Althusser)結構主義的馬克思主義而言，他們認為，
完整的結構不能再由主體的普遍認識來塑造，相反的，認知意
義的彰顯則是基於結構的完整性。在這種知識論的斷裂下，先
前從事人文科學的謬誤，並不是指計量方法抹煞了既真實卻又
相對的人文活動，而在於這種方法本身形式上空洞的訴求。他
們以為人文活動的規律性只要化約為主體控制的概念系統，就
可以檢証了。其實，這種規律性是直接在語言、文字等符號系
統(semiology)中成形的。

就歷時性(diachronic)而言，它確實是由人文活動累積而
成的；但就共時性(synchronic)而言，此結晶早已獨立於主觀
意識之外，存在於客觀結構之中[14]。因此，我們無法用同一性
(identity)的概念分析，來表達符號之間的實在關係，而必須
用言說分析(discourse analysis)的差異區分(differentiation)
說明符號之間的互動聯繫[15]。如此形構出來的人文科學才不至

---

[14]歷時性即指語言符號演變的歷程，共時性則指符號間的相互關係。Ibid.,p. 81.

[15]巴特根據「語言與論說的同質性(homology)」，主張由各個組合構成的「形式組
織便能掌管一切符號系統」。R. Barthes, "Introduction à l'analyse structurale
des récrits," *Communications*, 8, 1966, pp. 1-27. 德里達進一步地闡明：一切
言說即彼此差異區分的系統。J. Derrida, *Writing and Difference*, Chicago: Univ.
of Chicago Press, 1978, p. 280.

於淪落爲自然科學的奴婢。

　　從存在主義到結構主義的發展中，不難看出現代與後現代之間，不能再由自然與人文科學的二分做簡單地區別。存在主義揭示現代意識中的後現代情景，結構主義則印証出後現代關懷的現代感。這種重疊相互性在批判理論(Critical Theory)對馬克思主義的反省中尤爲顯著。在古典馬克思主義的理論中，黑格爾是用頭在走路；事實上，絕對精神的「落實」乃物質條件的「異化」(alienation)[16]。因此，若要掙脫物化的桎梏，哲學不只是用思想去解釋，更要用行動(praxis)去改造。唯獨如此，人才能決定歷史，而不是由歷史來決定人。換言之，眞正的決定不在於知識，而在於勞動、工作(labor)。

　　不過，這種說明仍舊不能排除我們對異化的疑慮。因爲當生產工具在不斷分工中變成私有財產時，資本主義的興起告示我們虛幻意識(false consciousness)或意識型態(ideology)的存在[17]。因此，唯有透過從事生產卻又同時被剝削的無產階級之自覺，我們才能經由階級(class)力量眞正改變現狀；畢竟，

---

[16]對黑格爾而言，異化是絕對精神實現自己的步驟，故是樂觀的。G. W. F. Hegel, *The Philosophy of History*, N. Y.: Dover Publications, 1956, p. 55. 對馬克思來說，那是一個吃人的社會制度，故若要實現人的才能，就必須先改變現狀。K. Marx, *The Economic and Philosophical Manuscripts of 1844*, N. Y.: International Publishers, 1964, pp. 106-19.

[17]即以主觀片面之詞誤導我們對客觀事物的認定。K. Mannheim, *Ideology and Utopia*, N. Y.: Harcout, Brace, & World, 1936, p. 96.

資本的形成來自於勞動者的剩餘價值(surplus value)[18]。

誠如前述,這個學說對現實的衝激是無與倫比的。可是,它的理論基礎卻與黑格爾哲學始終糾纏不清。於是,盧卡奇(Lukács)乾脆回到黑格爾的學說中,來鞏固馬克思主義的理論層面。然而,這種人文主義的馬克思主義雖然替歷史唯物論提供一個歷史辯証的理論架構,卻也同時削減了其唯物論固有的社會性質。法蘭克福學派(Frankfurt School)的崛起便是要解決這個兩難。

對他們來說,下層結構對上層結構的決定不僅限於物質條件,那只是實證論意識型態的偏見,而應指現實脈絡(real context)中的所有一切,包括了馬庫色(Marcuse)所關心的政治、霍克漢默(Horkheimer)所批判的文化、與阿多諾(Adorno)所專注的藝術等層面。唯獨如此,下層結構對上層結構的決定才能達到利(interests)義與共的知識體系[19]。顯然,這種批判理論的現代意識之所以不再遭到異化的危機,是因為它隨著批判的對象落實到後現代的情景中。故他們釜底抽薪地揚棄無產階級的革命論調,改以後現代的形式——不具階級統一性的非理性——突顯其批判性。

---

[18]就像黑格爾的主奴之爭,馬克思認為資本家與勞動者乃完全對立的。故只要推翻資本家,就同時保証無產階級的解放。

[19]J. Habermas, *Knowledge and Human Interests*, Boston: Beacon Press, 1971, p. 287.

四、二十世紀末的西方哲學

至此，一種不以人爲本位的人文科學便有個明朗的輪廓。對它的說明可以用詮釋學與後結構主義(Post-Structuralism)的中心議題來進行。

首先，德里達(Derrida)所代表的後結構主義就是根據結構主義的「差異區分」，指出西方邏輯中心論(logcentrism)的傳統思想，犯了現存(presence)形上觀的根本錯誤。誠然，若對意義的說明仰賴於現實存在的話，那麼，意義的說明只是顯露出現存與非現存(absence)之間的互動關係而已，它並不表示出我們可以藉此經由一辯証法則，回過頭來把握到其全體大概。不僅黑格爾主體落實的辯証犯了這個錯誤，就是索緒爾的「差異區分」亦因忽略了如此的差異先在性或德里達所稱爲的「衍異」(différance)，以至最後仍舊逃不了對語言活動(the activity of speech)的預設[20]。

對德里達來說，不以人爲本位的人文科學，其客觀基礎應該建立在文字書寫(écriture)上。因爲文字書寫不再只是語言

---

[20]La différance同具差異與延後(delay)之意。後者表現爲游離於主動與被動之間的空隙，以便客觀的現存與非現存之互動可以經此流露出。J. Derrida, *Positions*, Chicago: Univ. of Chicago Press, 1981, p. 27. 德里達認爲索緒爾未明此意而受制於現存。J. Derrida, *Writing and Difference*, op. cit., p. 279.

的一種形式，而是一種擁有所謂自行消失(self-destruction)
原理的客觀書寫原型(arch-writing)[21]。此書寫原型非但不因
為這個消極特徵變成虛無，反而藉此顯示出互動形式的積極面
貌———一種補遺邏輯(a logic of supplementarity)[22]。事實
上，唯獨如此，我們才可能從符號之間的差異區分中形構出它
們彼此實在的聯繫。此亦即著名的「解構」(deconstruction)
真諦所在。

　　反過來說，若批判與被批判分屬兩個完全不同的範疇，即
使傅柯的言說分析亦難逃邏輯中心論之虞，以致傳統哲學的亡
魂重現。故為了要超渡它，德里達宣告哲學必須讓位給文學。
這並不是要貶損哲學原來的價值與地位，而是就書寫原型之為
形構文學與哲學的可能條件而言，他務實地揭示出哲學原本具
有的補遺功能。經此說明，哲學才能忠於自己的角色，不再遭
受意識型態的橫加擺佈，相對的，不以人為本位的人文科學也

---

[21]所謂的自行消失原理即散播(dissemination)，指意義的表現(signifier)與所表現
(signified)之間的二元關係，由表現者(signifiers)之間的互動取代之；表現者因而
皆指向它以外的表現者。如此相互無止的互動就像「種子向外四處散播」，使意義
能從所表現(signified)的非現存中示出，書寫原型即指這種擺脫社會控制而本身卻
是 原 始 無 章 法 的 語 言 功 能 。 J. Derrida, *Dissemination*, Chicago: Univ. of
Chicago Press, 1981, p. 149.

[22]就李維史卓的原意，是指意義表現者(signifiers)之間無止境的互動領域，不因辯
証法則的整體觀之不足取而不可知，相反的，由於文本(text)的中心主題不再，各
種不同角度的詮釋才成為可能的。對德里達來說，此一取代即補遺的邏輯法則。J.
Derrida, *Writing and Difference*, op. cit., p. 289.

才能有效地顯示出其哲學性來。後者在克莉絲蒂娃(Kristeva)
的互爲文本性(intertextuality)，德勒茲(Deleuze)與郭達力
(Guattari)的精神錯亂分析(Schizoanalysis)中甚爲明顯。只
是在這些後結構主義者的作品中，由於他們過份誇大人文科學
的後現代性格，反而使得其批判性的哲學本質隱而不彰。

　　相對於後結構主義的後現代觀點，詮釋學則是給予現代性
的回應。他們用詮釋學循環(hermeneutical circle)來表達兩
者共同關切的課題：現存與非現存的互動關係。不過，這個傳
統詮釋學視爲部份與整體之間的循環，到了高達瑪(Gadamer)
手中，更進一步地表現爲歷史性的互動[23]。原來，我們對事實
的認識不是由知識來決定的，相反的，知識的形成往往是從偏
見、成見(prejudice)中開始的。這個由海德格首先發現到的
Vor-Struktur，一方面，針對我們的存在理解而言，是一種不
眞實(inauthentic)的表現，另一方面，卻是形成理解眞實存在
之要件。

　　在此，可以看到德里達文字書寫的若隱若現。不過，高達
瑪把它視爲歷史傳統的一部份，以致一切可能的詮釋
(interpretation)不是建立在於書寫原型的客觀基礎上，而純

---

[23]高德瑪的歷史觀可由以下海德格的公式示之：「做爲此有整體存有的關懷意味
著：超越自身的已有模式，投向共存的模式。」依其隨即的解釋——「關懷結構的
根本在於時間性，時間性的本質在於時間存在之根源」——可以說時間性乃基本關
懷的可能條件，亦同時是解釋在世存有的終極領域。M. Heidegger, *Being and
Time*, op. cit., pp. 327-9.

粹是由過去與現在之間的互動所致。那麼，這個身為可能條件
的詮釋，又是如何變成客觀的文本(text)呢？高達瑪對此的解
釋，仍舊是根據海德格的「在世存有」，並同時偏重於互為主
體間的對話(dialogue)，認為對話能夠把不同的情景融合在一
塊，使得客觀的文本直接向我們開顯。顯然，由於文本是在理
解之前就已經由一切可能的詮釋透露出來，並非我們經由理解
所把握到的，故在此不僅沒有客觀的標準可言，高德瑪甚至視
此標準為不必要的[24]。

　　這種對話性的詮釋理論被哈伯瑪斯進一步地區分為兩個層
次：溝通能力(communicative competence)與溝通活動
(communicative action)[25]，並藉此消解歷史相對主義的疑
慮。原來，高達瑪詮釋學所做的歷史分析，就我們的溝通活動
而言，無異於經驗科學的分析，它仍受制於語言說明的抽象
性。若要從扭曲的溝通活動中解放(emancipation)出來，哈伯
瑪斯認為我們唯有透過主體行動的落實，由它和客觀因果律結
合，才能再以理想的溝通情景，破除那造成溝通的扭曲之預設

---

[24]這是因為高達瑪視詮釋循環為Wirkungsgeschichte，後者以實質歷史的客觀存
有，消解了主體形構(constituting)與客觀構成(constituted)之間的兩難。H. G.
Gadamer, *Truth and Method*, N. Y.: Seabury Press, 1971, p. 270.
[25]根據"What is Universal Pragmatics,"哈伯瑪斯認為唯有對共識與語言的分析，
才能進一步地對認知語言分析，而對後者的分析因此變成對語言策略與謬誤的說
明。由於這種種說明歸諸溝通能力，故形成共識的溝通活動反而成為一切社會研究
之本。J. Habermas, *Communication and the Evolution of Society*, Boston:
Beacon Press, 1979, pp. 1-68.

條件。可是，他所謂的理想溝通情景怎麼可能由主體行動來建立的呢？

　　在這裡，我們必須回到馬克思主義的行動指導原則去看。原來，那不是指甚麼客觀理想情景的預設，而是對意識型態做全面性地批判。由於全面性的批判促使生活條件的改善，同時，又因爲現實生活條件的改善加深了對意識型態批判的可能性，換言之，我們是透過理論與實際的互動過程，使得理想的情景伴隨著主體行動彰顯出來[26]。經此說明，哲學的現代特徵又再度從後現代的人文科學中還原出來。

結　論

　　最後，就我們的主題而言，二十世紀末的西方哲學是甚麼？顯然，我們不能再用傳統的認知方式去認識。對事實的認識必須先還原到我們的生活周遭界中，才能進一步地做如實的認識，但這進一步地認識，不論是指現代對哲學本身做不斷地反省，還是後現代對現實經驗做全面地批判，在二十世紀末，

---

[26]在一篇論文中，哈伯瑪斯特別指出溝通能力因無溝通活動成爲絆腳石，但它不因此可被視爲不必要的幻覺，相反的，我們其實就溝通能力所意味的理想溝通情景，對實際的溝通活動做批判。換言之，理想情景始終隱含在活動中，而活動的目的即彰顯此理想情景。見J. Habermas, "The Hermeneutic Claim to University," in J. Bleicher, *Contemporary Hermeneutics*, op. cit., 206-7.

它們都必須以一種不以人爲本位的人文科學方式去進行或了
解。

參 考 書 目

Adorno, T. W., *Philosophy of Modern Music*, N. Y.:
Seabury Press, 1973.

-----, *Negative Dialectics*, N. Y.: Continuum, 1973.

-----, *Understanding Brecht*, London: Verso, 1973.

-----,*The Jargon of Authenticity*, Evanston: Northwestern
Univ. Press, 1973.

-----, *Introduction to the Sociology of Music*, N. Y.:
Continuum, 1976.

-----, "Alienated Masterpiece: Missa Solemnis," *Telos*, 28,
Summer/1976.

-----, *Prisms*, Cambridge: The MIT Press, 1981.

-----, *Aesthetic Theory*, London: Routledge & Kegan Paul,
1984.

-----, *The Cultural Industry*, London: Routledge, 1991.

Adorno, T. W. & Horkheimer, Max, *Dialectic of
Enlightenment*, London: Verso, 1979.

Allison, D. B., ed., *The New Nietzsche*, Cambridge: The
MIT Press, 1985.

Althusser, Louis, *For Marx*, London: Verso, 1979.

Anderson, Perry, Livingstone, Rodney & Mulbern, Francis, eds., *Aesthetics and Politics*, London: New Left Books, 1977.

Arac, J., *After Foucault*, New Brunswick: Rutgers Univ. Press, 1988.

Aragon, Louis, *Paris Peasant*, London: Picador, 1980.

Aubenque, P., "Encore Heidegger et le nazisme," in *Le Debat*, no. 48, Janvier-fevrier, 1988.

Ayer, A. J. ed., *Logical Positivism*, Ill: Glencoe, 1959.

Bachelard, Gaston., *Le matérialisme rationnel*, Paris: PUF, 1953.

-----, *La formation de l'esprit scientifique*, Paris: Librairie Philosophique J. Vrin, 1957.

-----, *The New Scientific Spirit*, Boston: Beacon Press, 1988.

Baudeliare, Charles, *The Painter of Modern Life and Other Essays*, London: Phaidon Press, 1964.

Benjamin, Andrew ed., *The Problems of Modernity*, London: Routledge, 1989.

-----, *Judging Lyotard*, London: Routledge, 1992.

Benjamin, Walter, *Illuminations*, ed. Hannah Arendt, N. Y.: Schocken Books, 1969.

-----, *Charles Baudelaire*, London: Verso, 1976.

-----, *Reflections*, ed. P. Demetz, N. Y.: Harcourt Brace Jovanovich, 1978.

-----, *One Way Street and Other Writings*, London: Verso, 1979.

-----, *Gesammelte Schriften*, vol. V: *Das Passagen-Werk*, ed. Rolf Tiedemann, Frankfurt am Main: Suhrkamp Verlag,

1982.

Berman, Marshell, *All that is Solid Melts into Air*, N. Y.: Simon & Schuster, 1982.

Bernauer, J. & Rasmussen, D., *The Final Foucault*, Cambridge: The MIT Press, 1988.

Bernet, R., "Husserl and Heidegger on Intentionality and Being," in *Journal of the British Society for Phenomenology*, vol. 21, No. 2, 1990, pp. 36-52.

Bernstein, R. J. ed.,*Habermas and Modernity*, Oxford: Basil Blackwell, 1985.

Biemel, Walter, *Martin Heidegger*, London: Routledge & Kegan Paul, 1977.

Blanchot, M., *Entretien infini*, Paris: Gillimard, 1969.

Bleicher, Josef, *Contemporary Hermeneutics*, London: Routledge & Kegan Paul, 1980.

Blumenberg, Hans, *The Legitimacy of the Modern Age*, Cambridge: The MIT Press, 1983.

Bourdieu, Pierre, *The Political Ontology of Martin Heidegger*, Oxford: Polity Press, 1991.

Broekman, J., *Structuralism: Moscow, Prague, Paris*, Dordrecht: D. Riedel, 1974.

Bruzina, R., "The Enworlding (Verweltlichung) of Transcendental Phenomenological Reflection: A Study of Eugen Fink's '6th Cartesian Meditation'," in *Husserl Studies*, vol. 3, 1986, pp. 3-29.

Buck-Morss, Susan, *The Origin of Negative Dialectics*, N. Y.: Free Press, 1977.

-----, *The Dialectics of Seeing*, Cambridge: The MIT Press,

1989.

Bürger, Peter, *The Theory of Avant-garde*, Minneapolies: Univ. of Minnesota Press, 1984.

Calinescu, Matei, *Five Faces of Modernity*, Durham: Duke Univ. Press, 1987.

Callinicos, Alex, *Against Postmodernism*, Oxford: Polity Press, 1989.

Canguilhem, Georges, *Ideology and Rationality in the History of Life Sciences*, Cambridge: The MIT Press, 1988.

-----, *The Normal and The Pathological*, N. Y.: Zone Books, 1989.

Carroll, David, *Paraesthetics*, N. Y.: Methuen, 1987.

Crowell, S., :Husserl, Heidegger, and Transcendental Philosophy: Another Look at the Encyclopaedia Britannica Article," in *Philosophy and Phenomenological Research*, vol. L, No. 3, 1990, pp. 501-18.

Descombes, Vincent, *Modern French Philosophy*, Cambridge: Cambridge Univ. Press, 1980.

Deleuze, Gilles, *Nietzsche and Philosophy*, N. Y.: Columbia Univ. Press, 1983.

Derrida, Jacques, *Speech and Phenomena*, Evanston: Northwestern Univ. Press, 1973.

-----, *Of Grammatology*, Baltimore: John Hopkins Univ. Press, 1974.

-----, *Writing and Difference*, Chicago: Univ. of Chicago Press, 1978.

-----, *Dissemination*, Chicago: Univ. of Chicago Press, 1981.

-----, *Position*, Chicago: Univ. of Chicago Press, 1981.

-----, *Margins of Philosophy*, Chicago: Univ. of Chicago Press, 1982.

-----, *Of Spirit*, Chicago: Univ. of Chicago Press, 1987.

-----, *Edmund Husserl's Origin of Geometry: An Introduction*, Lincoln: Univ. of Nebraska Press, 1989.

Dews, Peter, *Logics of Disintegration*, London: Verso, 1987.

Dreyfus, H. & Rabinow, P., *Michel Foucault: Beyond Structuralism and Hermeneutics*, Chicago: Univ. of Chicago Press, 1982.

Eisenstein, Sergi, *The Film Form and Film Sense*, N. Y.: Meridian, 1957.

Elliston, R. & McCormick, P. eds. *Husserl: Expositions and Appraisals*, Notre Dame: Univ. of Notre Dame, 1977.

-----, *Husserl: Shorter Works*, Notre Dame: Univ. of Notre Dame Press, 1981.

Elveton, R. O., ed., *The Phenomenology of Husserl: Selected Critical Readings*, Chicago: Quadrangel Books, 1970.

Farias, Victor, *Heidegger and Nazism*, Philadelphia: Temple Univ. Press, 1989.

Featherstone, Mike, ed., *Postmodernism, Theory, Culture & Society*, vol. 5, No. 2-3, June 1988, London: Sage Publications.

Ferry, Luc & Renaut, Alain, *French Philosophy of the Sixities*, Amherst: Univ. Massachusettes Press, 1990.

-----, *Heidegger and Modernity*, Chicago: University of Chicago Press, 1990.

Fink, Eugen, "Operative Concepts in Husserl's Phenomenology," in R. Harlan, F. McKenna & L. E. Winters eds., *Apriori and World*, The Hague: Martinus Nijhoff, 1981, pp. 56-70.

-----, *VI, Cartesianische Meditation*, herausgegeben von H. Ebeling, J., Holl, G., Van Kerckhoven, Dordrecht: Kluwer Academic Publishers, 1988.

Foster, Hal, ed., *The Anti-Aesthetic*, Port Townsend: Bay Press, 1983.

Foucault, Michel, *The Archaeology of Knowledge & The Discourse on Language*, N. Y.: Pantheon Books, 1971.

-----, *Madness and Civilization*, N. Y.: Vintage Books, 1973.

-----, *The Order of Things*, N. Y.: Vintage Books, 1973.

-----, *Language, Counter-memory, Practice*, ed. D. F. Bouchard, Ithaca: Cornell Univ. Press, 1977.

-----, T*he History of Sexuality*, vol. I, *An Introduction*, N. Y.: Vintage Books, 1978.

-----, *Discipline and Punish*, N. Y.: Vintage Books, 1979.

-----, *Power/Knowledge*, ed. C. Gordon, N. Y.: Pantheon Books, 1980.

-----, *The History of Sexuality*, vol. II, *The Use of Pleasure*, N. Y.: Vintage Books, 1985.

-----, *The History of Sexuality*, vol. III, *The Care of the Self*, N. Y.: Vintage Books, 1986.

-----, *Mental Illness and Psychology*, Berkeley: Univ. of California Press, 1987.

Frank, Manfred, *What is Neostructuralism*, Minneapolis:

Univ. of Minnesota Press, 1989.

Frisby, David, *Fragments of Modernity*, Oxford: Polity Press, 1985.

Gadamer, Hans-Georg, *Truth and Method*, N. Y.: Seabury Press, 1975.

-----, *Philosophical Hermeneutics*, Berkeley: Univ. of California Press, 1976.

Giddens, Anthony, *Capitalism and Modern Social Theory*, Cambridge: Cambridge Univ. Press, 1971.

-----, *The Consequences of Modernity*, Oxford: Basil Blackwell, 1990.

Gutting, Gary, *Michel Foucault's Archaeology of Scientific Reason*, Cambridge: Cambridge Univ. Press, 1989.

Habermas, Jürgen, *Theory and Practice*, Boston: Beacon Press, 1974.

-----, *Legitimation Crisis*, Boston: Beacon Press, 1975.

-----, *Communication and the Evolution of Society*, Boston: Beacon Press, 1979.

-----, "Modernity versus Postmodernity," *New German Critique*, 22, 1981, pp. 3-14.

-----, ed., *Observations on "The Spiritual Situation of the Age"*, Cambridge: The MIT Press, 1984.

-----, *Philosophical-Political Profiles*, Cambridge: The MIT Press, 1985.

-----, *Autonomy and Solidarity*, ed. P. Dews, London: Verso, 1986.

-----, *The Philosophical Discourse of Modernity*, Cambridge: The MIT Press, 1987.

-----, *The New Conservatism*, Cambridge: Polity Press, 1989.

-----, *The Structural Transformation of the Public Sphere*, Cambridge: Polity Press, 1989.

Hacking, I., "Michel Foucault's Immature Science," *Nous*, 13, 1979, pp. 39-51.

Harvey, David, *The Condition of Postmodernity*, Oxford: Basil Blackwell, 1989.

Hassan, Ihab, *The Postmodern Turn*, Columbus: Ohio State Univ. Press, 1987.

Hegel, G. W. F., *The Philosophy of History*, N. Y.: Dover Publications, 1956.

-----, *Philosophy of Right*, Oxford: Oxford Univ. Press, 1969.

-----, *Early Theological Writings*, Philadelphia: Univ. of Pennsylvania Press, 1971.

-----, *Aesthetics*, 2 vols., Oxford: Clarendon Press, 1975.

-----, *The Difference Between the Fichtean and Schellingian Systems of Philosophy*, Albany: State Univ. of New York Press, 1977.

-----, *Faith and Knowledge*, Albany: State Univ. of New York Press, 1977.

-----, *System of Ethical Life and First Philosophy of Spirit*, Albany: State Univ. of New York Press, 1979.

-----, *Phenomenology of Spirit*, Oxford: Oxford Univ. Press, 1979.

Heidegger, Martin, *The Question of Being*, N. Y.: Twayne Co., 1958.

-----, *An Introduction to Metaphysics*, New Heaven: Yale

Univ. Press, 1959.

-----, *Being and Time*, N. Y.: Harper & Row, 1962.

-----, *Identity and Difference*, N. Y.: Harper & Row, 1969.

-----, *On the Way to Language*, N. Y.: Harper & Row, 1971.

-----, *The End of Philosophy*, N. Y.: Harper & Row, 1973.

-----, *Poetry, Language, Thought*, ed. J. G. Gray, N. Y.: Harper & Row, 1975.

-----, *Martin Heidegger: Basic Writings*, ed. D. F. Krell, N. Y.: Harper & Row, 1977.

-----, *The Question Concerning Technology and Other Essays*, N. Y.: Harper & Row, 1977.

-----, *Nietzsche*, vol. I, *The Will to Power as Art*, vol. II, *The Eternal Recurrence of the Same*, vol. III, *The Will to Power as Knowledge and as Metaphysics*, vol. IV, *Nihilism*, N. Y.: Harper & Row, 1979, 84, 87, 82.

-----, *Hörderlins Hymnen "Germanien"und "Der Rhein"*, ed. S. Ziegler, *Gesamtausgabe*, 39, Frankfurt: Klostermann, 1980.

-----, *The Basic Problems of Phenomenology*, Bloomington: Indiana Univ. Press, 1982.

-----, *Höderlins Hymne "Der Ister"*, ed. W. Biemel, *Gesamtausgabe*, 53, Frankfurt: Klostermann, 1984.

-----, *History of the Concept of Time*, Bloomington: Indiana Univ. Press, 1985.

-----, *Beiträge zur Philosophie*, ed. F.-W. von Hermann, *Gesamtausgabe*, 65, Frankfurt a. M.: Vittorio Klostermann, 1989.

Herf, Jeffrey, *Reactionary Modernism: Technology,*

Culture, and Politics in Weimar, Cambridge: Cambridge
Univ. Press, 1984.

von Hermann, F.-W., *Der Begriff der Phänomenologie bei
Husserl*, Frankfurt a. M.: Vittorio Klostermann, 1981.

Honneth, Axel, *The Critique of Power*, Cambridge: The
MIT Press, 1991.

Hopkins, B., *Intentionality in Husserl and Heidegger*,
Dordrecht: Kluwer Academic Publishers, 1993.

Hoesterev Ingeborg ed., *Zeitgeist in Babel: The Post-
Modernist Controversy*, Bloomington: Indiana Univ. Press,
1991.

Hoy, David Couzens, *Foucault: A Critical Reader*, Oxford:
Basil Blackwell, 1986.

Hume, David, *A Treatise of Human Nature*, Oxford: Oxford
Univ. Press, 1978.

Husserl, Edmund, "Philosophy as Rigorous Science," in Q.
Lauer, *Edmund Husserl: Phenomenology and the Crisis of
Philosophy*, N. Y.: Harper & Row, 1965, pp. 71-147.

-----, *Cartesian Meditations*, The Hague: Martinus Nijhoff,
1973.

-----, *Ideas pertaining to a Pure Phenomenology and to a
Phenomenological Philosophy*, First Book, *General
Introduction to a Pure Phenomenology*, The Hague:
Martinus Nijhoff, 1983.

Hutcheon, Linda, *A Poetics of Postmodernism*, London:
Routledge, 1988.

Huyssen, Andreas, *After the Great Divide*, Bloomington:
Indiana Univ. Press, 1986.

Ingarden, R., ed., *Briefe an Roman Ingarden*, The Hague: Martinus Nijhoff, 1968.

Jameson, Fredric, *Marxism and Form*, Princeton: Princeton Univ. Press, 1971.

-----, *Postmodernism, or The Cultural Logic of Late Capitalism*, Durham: Duke Univ. Press, 1991.

Jasper, Karl, *Notizen zu Martin Heidegger*, ed. H. Saner, Muchin: Piper, 1989.

Jay, Martin, *The Dialectical Imagination*, London: Heine mann, 1973.

-----, *Adorno*, Cambridge: Harvard Univ. Press, 1984.

Kant, Immaneul, *The Critique of Judgement*, trans. J. H. Bernard, London: Macmillan, 1914.

-----, *Critique of Pure Reason*, London: Macmillan, 1953.

Kaufmann, Walter, *Nietzsche: Philosopher, Psychologist, Antichrist*, N. Y.: Princeton Univ. Press, 1974.

Kockelmans, J. & Kisiel, T., *Phenomenology and the Natural Sciences*, Evaston: Northwestern Univ. Press, 1970.

Koselleck, Reinhart, *Futures Past*, Cambridge: The MIT Press, 1985.

Kritzman, L. D. ed., *Michel Foucault: Politics, Philosophy, Culture*, N. Y.: Routledge, 1988.

Kracauer, Siegfried, *Das Ornament der Masse*, Frankfurt: Suhrkamp, 1977.

Kroker, Arthur & Cook, David, *The Postmodern Scene*, N. Y.: St. Martine, 1986.

Lacou-Labarthe, Phillippe, *Heidegger, Art and Politics*, Oxford: Basil Blackwell, 1990.

Landgrebe, Ludwig, *Major Problems in Contemporary Philosophy*, N. Y.: Frederick Ungar, 1966.

Lash, Scott & Friedman, Joseph, eds., *Modernity and Identity*, Oxford: Blackwell, 1992.

Lash, S. & Whimster, S. eds. *Max Weber, Rationality and Modernity*, London: Allen & Unwin, 1987.

Levinas, Emmanuel, *The Theory of Intuition in Husserl's Phenomenology*, Evanston: Northwestern Univ. Press, 1973.

Löwith, Karl, *From Hegel to Nietzsche*, N. Y.: Holt, Rinehart and Winston, 1964.

-----, *Max Weber and Karl Marx*, London: George Allen & Unwin, 1982.

Lukács, Georg, *The Theory of the Novel*, Cambridge: The MIT Press, 1971.

Lyotard, Jean-François, *The Postmodern Condition*, Minneapolis: Univ. of Minnesota Press, 1984.

-----, "Defining the Postmodern," *ICA Document* 4, 1985, pp. 6-7.

-----, *The Postmodern Explained*, Minneapolis: Univ. of Minnesota Press, 1993.

-----, *The Differend*, Minneapolis: Univ. of Minnesota Press, 1988.

-----, *The Lyotard Reader*, ed. A. Benjamin, Oxford: Basil Blackwell, 1989.

-----, *Heidegger and "the Jew"*, Minneapolis: Univ. of Minnesota Press, 1990.

Macann, C. ed., *Martin Heidegger: Critical Assessments*, 4 vols., London: Routledge, 1992.

Madison, J. B., *Hermeneutics of Postmodernity*,
Bloomington: Indiana Univ. Press, 1989.

Mannheim, Karl, *Ideology and Utopia*, N. Y.: Harcout,
Brace, & World, 1936.

Marcuse, Herbert, *Reason and Revolution*, N. Y.:
Humanities Press, 1954.

Marx, Karl, *The Economic and Philosophical Manuscripts
of 1844*, N. Y.: International Publishers, 1964.

-----, *Capital*, vol. I, N. Y.: International Publishers, 1967.

-----, *The Communist Manifesto*, N. Y.: Norton, 1988.

Marx, Karl & Engels, Frederick, *The German Ideology*, ed.
C. J. Arthur, N. Y.: International Puslbishers, 1970.

Megill, Allan, *Prophets of Extremity*, Berkeley: Univ. of
California Press, 1985.

Merleau-Ponty, Maurice, *Phenomenology of Perception*,
London: Routledge, 1962.

-----, *Texts and Dialogues*, eds. H. J. Silverman & J. Barry,
N. J.: Humanities Press, 1992.

Merquior, J. G., *Foucault*, London: Fontana Press, 1985.

Mohanty, J. N., *The Possibility of Transcendental
Philosophy*, Dordrecht: Martinus Nijhoff, 1985.

-----, ed., *Phenomenology and the Human Sciences*, The
Hague: Martinus Nijhoff, 1985.

-----, *Transcendental Phenomenology: An Analytic Account*,
Oxford: Basil Blackwell, 1989.

Morrison, J. C., "Husserl and Heidegger: The Parting of
the Ways," in F. Elliston ed., *Heidegger's Existential
Analytic*, The Hague: Mouton Publishers, 1978.

Mosse, G., *The Crisis of German Ideology: Intellectual Origins of the Third Reich*, N. Y.: Grosset & Dunlap, 1964.

Neske, G, & Kettering, E., eds., *Martin Heidegger and National Socialism*, N. Y.: Paragon House, 1990.

Nietzsche, Friedrich, *Thus Spoke Zarathustra*, Harmondsworth: Penguin, 1964.

-----, *The Will to Power*, N. Y.: Vintage Books, 1968.

-----, *Basic Writings of Nietzsche*, ed. W. Kaufmann, N. Y.: Modern Library, 1968.

-----, *On the Genealogy of Morals & Ecco Homo*, ed. W. Kaufmann, N. Y.: Vintage Books, 1969.

Ott, Hugh, *Martin Heidegger: Unterwegs zur zeiner Biographie*, Frankfurt a. M.: Campus, 1988.

Paz, Octavio, *Children for the Mire*, Cambridge: Havard Univ. Press, 1974.

Pippin, Robert, *Modernism as a Philosophical Problem*, Oxford: Basil Blackwell, 1991.

Pöggeler, Otto, *Martin Heidegger's Path of Thinking*, N. Y.: Humanities Press, 1987.

Rabinow, P., *The Foucault Reader*, N. Y.: Patheon, 1984.

Racevskis, K., *Michel Foucault and the Subversion of Intellect*, Ithaca: Cornell Univ. Press, 1983.

Rockmore, Tom, *On Heidegger's Nazism and Philosophy*, Berkeley: Univ. of California Press, 1992.

Rockmore, T., & Margolis, J., *The Heidegger Case*, Philadelphia: Temple Univ. Press, 1992.

Rundell, John, *Origins of Modernity*, Oxford: Polity Press, 1987.

Sartre, J.-P., *Being and Nothingness*, London: Methuen & Co., 1957.

de Saussure, Ferdinand, *Course in General Linguistics*, La Salle: Open Court, 1988.

Schact, Richard, "Husserlian and Heideggerian Phenomenology," in *Philosophical Studies*, 23, 1972, pp. 293-314.

Schiller, Friedrich, *On the Aesthetic Education of Man*, Oxford: Clarendon Press, 1967.

Schmidt, James, *Maurice Merleau-Ponty: Between Phenomenology and Structuralism*, London: Macmillan Publishers, 1985.

Scott, Charles, *The Question of Ethics: Nietzsche, Foucault, Heidegger*, Bloomington: Indiana Univ. Press, 1990.

Simpson, David ed., *The Origins of Modern Critical Thought: German Aesthetic and Literary Criticism from Lessing to Hegel*, Cambridge: Cambridge Univ. Press, 1988

Smith, Gary ed., *On Walter Benjamin*, Cambridge: The MIT Press, 1988.

-----, ed., *Benjamin*, Chicago: Univ. of Chicago Press, 1989.

Spiegelberg, Herbert, *The Phenomenological Movement*, 3rd & revised edition, The Hague: Martinus Nijhoff, 1982.

Stapleton, T., *Husserl and Heidegger: The Question of a Phenomenological Beginning*, Albany: State Univ. of New York Press, 1983.

Schürmann, R., *Heidegger On Being and Acting*, Bloomington: Indiana University Press, 1987.

Taminiaux, J., *Heidegger and the Project of Fundamental Ontology*, N. Y.: State Univ. of New York Press, 1991.

-----, *Dialectic and Difference*, N. Y.: Humanities, 1985.

Taylor, Charles, *Hegel*, Cambridge: Cambridge Univ. Press, 1975.

Tsai, Cheng-Yun, "Phenomenology and Psychology: Before and After the Phenomenological Reduction," in V. Shen, R. Knowles & Tran V. D., eds., *Psychology, Phenomenology and Chinese Philosophy*, Washington, D. C.: The Council for Research in Values & Philosophy, 1994.

Tugendhat, E., *Der Wahrheitsbegriff bei Husserl und Heidegger*, Berlin: Walter de Gruyter, 1967.

-----, *Self-consciousness and Self-determination*, Cambridge: The MIT Press, 1987.

Vattimo, Gianni, *The End of Modernity*, Oxford: Polity Press, 1985.

Vietta, S., *Heideggers Kritik am Nationalsozialismus und an der Technik*, Tübingen: Niemeyer Verlag, 1989.

Weber, Max, *The Protestant Ethics and the Spirit of Capitalism*, N. Y.: Free Press, 1958.

Wellmer, Albrecht, *The Persistence of Modernity*, Oxford: Polity Press, 1991.

Wolin, R., *The Politics of Being*, N. Y.: Columbia Univ. Press, 1990.

-----, *The Heidegger Controversy: A Critical Reader*, Cambridge: The MIT Press, 1993.

Zimmerman, M., *Heidegger's Confrontation with Modernity*, Bloomington: Indiana Univ. Press, 1990.

丁學良，《從「新馬」到韋伯》，台北：聯經，一九九一。

錢永祥編，《學術與政治：韋伯選集（一）》，台北：遠流，一九九一。

蔣孔陽，《德國古典美學》，新店：谷風，一九八七。

蔡錚雲，「知覺現象學家：梅洛龐蒂」，於沈清松編，《時代心靈之鑰：當代哲學思想家》，台北：正中，一九九一，一四四～六八頁。

索 引

從現象學到後現代

著作人　蔡錚雲

發　行　唐山出版社

地　址　台北市羅斯福路三段333巷9號B1

電　話　3633072・3673012

郵政劃撥帳號　05878385

印刷廠　永望文化事業有限公司

地　址　台北市師大路170號三樓之3

電　話　3680350・3673627

中華民國八十四年二月初版

中華民國八十四年十一月初版二刷

局版台業字第1832號

定價：新臺幣280元

ISBN 957-97096-4-5

國立中央圖書館出版品預行編目資料

從現象學到後現代 = A Philosophical Odyssey
／蔡錚雲著. -- 初版. -- 臺北市：蔡錚雲發
行：民84
　　面；　公分
參考書目：面
含索引
ISBN 957-97096-4-5(平裝)

1. 哲學 - 西洋 - 現代(1900-　　　)

143.27　　　　　　　　　　84001135

$\sharp > 80 - C$

李文富
90.

從現象學到後現代

——◆——

A Philosophical Odyssey

蔡錚雲著